Couverture inférieure manquante

Original en couleur

NF Z 43-120-8

UNE CORRESPONDANCE LITTÉRAIRE

AU XVIᵉ SIÈCLE

PIERRE DANIEL

AVOCAT AU PARLEMENT DE PARIS

ET LES ÉRUDITS DE SON TEMPS

D'APRÈS LES DOCUMENTS INÉDITS DE LA BIBLIOTHÈQUE DE BERNE

Par L. JARRY

Membre de la Société archéologique et historique de l'Orléanais.

ORLÉANS

H. HERLUISON, LIBRAIRE-ÉDITEUR

17, RUE JEANNE-D'ARC, 17

—

1876

à Monsieur L. Petit .
Membre de l'Institut
hommage très respectueux
H. Jarry

PIERRE DANIEL

AVOCAT AU PARLEMENT DE PARIS

BAILLI DE SAINT - BENOÎT - SUR - LOIRE

1530—1604

(Extrait des Mémoires de la Société archéologique et historique de l'Orléanais.)

Orléans, imprimerie de G. JACOB, cloître Saint-Étienne, 4.

UNE CORRESPONDANCE LITTÉRAIRE

AU XVIᵉ SIÈCLE

PIERRE DANIEL

AVOCAT AU PARLEMENT DE PARIS

ET LES ÉRUDITS DE SON TEMPS

D'APRÈS LES DOCUMENTS INÉDITS DE LA BIBLIOTHÈQUE DE BERNE

Par L. JARRY

Membre de la Société archéologique et historique de l'Orléanais.

ORLÉANS

H. HERLUISON, LIBRAIRE-ÉDITEUR

17, RUE JEANNE-D'ARC. 17

—

1876

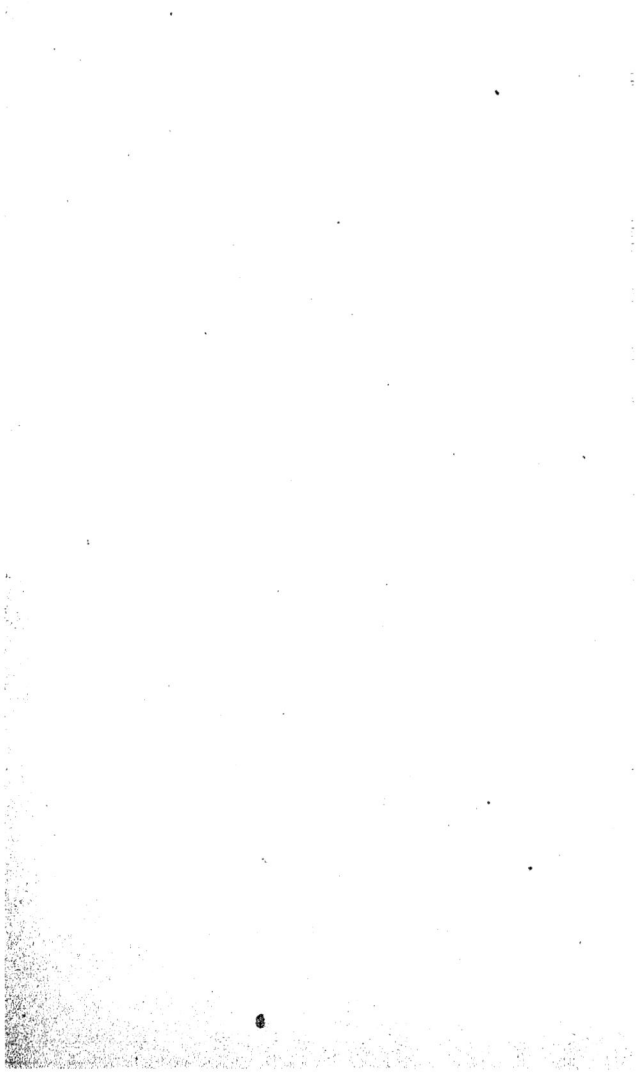

PIERRE DANIEL

ET LES ÉRUDITS DE SON TEMPS

D'APRÈS LES DOCUMENTS INÉDITS DE LA BIBLIOTHÈQUE DE BERNE.

La publication de catalogues ou d'inventaires, trop rares encore et toujours un peu sommaires, initie le public lettré aux trésors manuscrits conservés dans nos bibliothèques publiques, classés peu à peu, mais d'une façon définitive, dans nos archives nationales, départementales, communales et hospitalières.

Ce que l'on connaît beaucoup moins, ce sont les nombreux documents relatifs à l'histoire de France que renferment les dépôts étrangers. La bibliothèque impériale de Saint-Pétersbourg, celle du Vatican, le British-Museum, les archives de Belgique et d'Espagne ont été quelque peu explorés dans ces dernières années. Et pourtant, que de richesses enfouies et dont l'existence même est ignorée de la plupart des travailleurs!

La bibliothèque publique de la ville de Berne est une de celles où les Français ont le moins pénétré. Elle a cependant reçu la visite de savants tels que MM. Jubinal,

2

Chabaille et de Certain. Chercheurs infatigables, ils en
ont rapporté de précieux fragments tirés des collections
amassées par Bongars, habile diplomate orléanais, résidant
pour Henri IV auprès des princes d'Allemagne. Bongars
lui-même avait acquis les manuscrits de Cujas et la moitié de ceux d'un plus modeste érudit, Pierre Daniel, bailli
du célèbre monastère de Fleury ou Saint-Benoît-sur-Loire.

Dans le catalogue des manuscrits de la bibliothèque de
Berne (1), M. Sinner a dressé l'inventaire des richesses
dont la France doit à jamais déplorer la perte. En outre,
il a publié de curieux fragments inédits de nos anciennes
poésies d'après les manuscrits dont la garde lui était con-
fiée (2). Il ne faut pas en conclure que la bibliothèque de
Bongars n'offre de ressources qu'aux amateurs de la littérature du moyen âge. Le XVIᵉ siècle s'y trouve aussi largement représenté sous ses aspects les plus variés. Dans ce
précieux dépôt, les historiens de la réforme ont déjà fait
une ample moisson; mais il reste encore bien des sillons
inexplorés à travers ce vaste champ si libéralement ou-
vert aux investigations des érudits par les administrateurs
de la bibliothèque de Berne.

Une halte de quelques jours dans cette ville nous a permis de parcourir certains manuscrits de Bongars, dans
l'espoir d'y recueillir des documents concernant ce personnage même et son ami Pierre Daniel. Des recherches antérieures nous avaient préparé à faire plus ample
connaissance avec ce dernier. Hâtons-nous d'ajouter que
le succès a dépassé notre attente. Les correspondances

(1) *Catalogus codicum mss. bibl. Bernensis annotationibus criticis
illustratus... curante J.-R. Sinner bibliothecario.* 3 vol. in-8. Berne,
1772.

(2) *Extraits de quelques poésies des XIIᵉ, XIIIᵉ et XIVᵉ siècles.*
Lausanne, 1759, in-8.

de ces deux savants, conservées à Berne, permettent de rectifier en bien des points et d'augmenter considérablement les notions transmises par tous les biographes. Nous allons entreprendre cette tâche à l'égard de Pierre Daniel, qui, moins connu que Bongars, ne semblait avoir eu jusqu'ici qu'un rôle assez effacé. Sa personnalité ne paraissait pas devoir fixer longtemps l'attention. On le voit cependant, à la fin du XVIe siècle et dans les premières années du XVIIe, connu, estimé, apprécié de tout ce qui porte un nom dans la république des lettres. Et cela, non point seulement dans l'Orléanais, province des plus lettrées, grâce à sa fameuse Université, mais à Paris et dans toute la France, en Italie, en Belgique et en Hollande, en Allemagne. Il contracte des liens d'amitié avec des personnages tels que Bérauld, Brisson, Buchanan, Calvin, Florent Chrestien, Cujas, Dupuy, Daneau, D. Lambin, H. de Mesmes, les Pithou, Vinet, Wolmar. Bongars et Daniel entretiennent un commerce littéraire des plus actifs avec Casaubon, Daurat, les Estienne, P. de Foix, M. de l'Hospital, Juste Lipse, Muret, Passerat, Ramus, Scaliger, Turnèbe.

Ces figures d'un autre âge et beaucoup d'autres encore plus ou moins illustres, du moins ayant eu chacune leur moment de fugitive célébrité, se rencontrent à chaque page de cette importante correspondance. Beaucoup de noms sont remplacés par des désignations de fiefs, d'abbayes, d'évêchés ; les prénoms sont substitués aux noms de famille. D'autres fois ceux-ci sont défigurés par une traduction latine dont les savants faisaient un singulier abus. Montaigne se révoltait contre cette manie et reprochait à son ami La Boétie d'appeler François de Guise Visius et même Ovisius (1).

_____

(1) « J'ai souhaité souvent, dit-il encore, que ceux qui escrivent les histoires en latin nous laissassent nos noms tous tels qu'ils sont ; car

Autant que possible, nous avons restitué le véritable nom.

La correspondonce de Daniel se recommande par les nombreux renseignements d'érudition qu'on en peut tirer. Chaque auteur y parle de ses travaux, de ses succès, plus rarement de ses déceptions. Chacun dit quels manuscrits il voudrait consulter ou imprimer. Les vétérans de la science prodiguent leurs conseils aux débutants, indiquent les sources auxquelles ils doivent puiser, interprètent et critiquent les passages difficiles qui leur sont soumis. On échange les nouvelles littéraires ; on se tient au courant des livres qui paraîtront aux prochaines foires de Francfort. Au milieu de tout cela se croisent les jugements sur les hommes, les appréciations des œuvres ; bien peu de politique, car tout le temps est consacré aux belles-lettres. Cependant les renseignements historiques qui sont donnés en passant portent, par cela même, avec eux leur certificat de sincérité.

Ces lettres éclairent d'un jour nouveau des mœurs littéraires trop peu connues. Elles sont quelquefois écrites dans un français assez incorrect, car la forme et les règles de la langue sont loin d'être fixées ; le plus souvent dans un latin très-pur et très-élégant, que les contemporains de Cicéron n'eussent pas désavoué.

Pour donner un corps à nos recherches, nous allons raconter la vie de Pierre Daniel d'après ces curieux documents, mais sans nous contenter de rectifier seulement ou de compléter les courtes biographies consacrées à ce modeste savant. Notre ambition est plus grande, notre

en faisant de Vaudemont Vallemontanus, et les métamorphosant pour les garder à la grecque et à la romaine, nous ne scavons où nous en sommes et en perdons la cognoissance. » (*Essais*, l. I, c. 46. V. aussi BAILLET, *Auteurs deguisez*.)

but plus élevé. Ayant dépouillé plusieurs volumes de correspondances du fonds de Bongars, nous en utiliserons tous les éléments qui peuvent servir à l'histoire littéraire de la France durant le XVIe siècle.

On trouvera dans les notes qui, nous l'espérons, ne paraîtront pas trop considérables, de nombreux extraits de lettres concernant les savants, les jurisconsultes, les poètes, les hommes d'État, les diplomates de cette époque. En outre, à chaque nom qui se présentera pour la première fois correspond la cote des lettres relatives à ce nom ou dans lesquelles il figure à un titre quelconque. Cette méthode renseignera les chercheurs, nos confrères, sur l'endroit précis où ils pourront rencontrer un de ces détails, une de ces dates dont l'importance est si vivement appréciée en un temps de restauration littéraire et historique, alors que tout personnage de la renaissance, si médiocre soit-il, inspire un biographe (1).

I.

Pierre Daniel naquit à Orléans vers l'année 1530. Il sortait de l'une de ces vieilles familles bourgeoises depuis longtemps fixées dans le pays, comme les des Contes, les

(1) Tandis que nous résumions nos notes de Berne pour les utiliser dans la présente notice avec d'autres documents recueillis depuis longtemps, il s'imprimait sur le même sujet une brochure in-4o de 20 pages de texte et 15 pages de pièces justificatives, intitulée : *Der jurist und philolog. Peter Daniel aus Orléans, von Dr Hermann Hagen ausserord. professor der klassischen philologie an der Universität Bern.* Bern, A. Fischer, 1873. Nous ne pouvions nous servir de cet opuscule à cause de notre ignorance de la langue allemande, et parce que notre travail était déjà très-avancé; mais nous en constatons l'existence.

Viart, les Brachet, les Bongars, chez lesquelles le suffrage populaire choisissait les citoyens chargés d'administrer la ville, dans les fonctions de procureur ou de receveur des deniers communs (1).

Son père était François Daniel, avocat à Orléans, magistrat à Châtillon et peu de temps bailli de Saint-Benoît-sur-Loire (2). Celui-ci nous serait peu connu si l'amitié d'un célèbre personnage ne l'avait tiré de l'obscurité : nous voulons parler de Calvin (3). L'étudiant de Noyon avait reçu, dit-on, l'hospitalité chez les parents de P. Daniel (4). Il se noua du moins entre les deux adolescents une amitié qui ne se démentit jamais. On en retrouve le témoignage à chaque page de la correspondance qu'ils échangèrent, même après que Calvin eut abandonné le catholicisme et quitté pour toujours sa patrie (5).

Pendant l'année 1528, ils suivent ensemble à Orléans les leçons de droit du savant Pierre de l'Estoile, docteur-

(1) Au XVIᵉ siècle, Michel et Claude Daniel furent receveurs des deniers communs, Jacques Daniel procureur de la ville.

(2) Il n'y a, en cette dernière qualité, que deux actes émanés de lui, 22 mai et 12 août 1560. Sur F. Daniel, consulter *Cod. Bern.*, 450 : 7, 8, 10 à 14, 16 à 18, 57, 60, 62, 65 à 69, 74.

(3) Sur Calvin, *Cod. Bern.*, 450 : 7, 8, 10 à 14, 17, 60, 62, 65, 67 à 69.

(4) Le chanoine Hubert, dans ses *Généalogies orléanaises*, présente plusieurs branches de la famille Daniel ; mais comme il ne mentionne ni François le père, ni François le fils, nous avons négligé ses renseignements, comme suspects d'inexactitude en ce qui concerne notre sujet.

(5) Voir à ce sujet *La jeunesse de Calvin, d'après de nouveaux documents*, par M. G. BAGUENAULT DE PUCHESSE, *Revue des questions historiques*, 1872. Cet intéressant travail établit de la façon la plus solide, en s'appuyant sur la correspondance du réformateur, conservée à Berne, que si Calvin s'adonna de bonne heure aux doctrines nouvelles, il n'en fit publiquement profession qu'un certain temps après l'époque généralement admise par tous ses historiens.

régent de l'Université. Ils avaient pour condisciples et pour amis Gentien Hervet, Nicolas Duchemin (1), Cl. Framberge, tous trois Orléanais; Michel Copt, chanoine de Cléry, et François de Connan (2), qui devait plus tard se faire connaître par des commentaires estimés sur le droit civil.

Ardents à l'étude, curieux de comparer les diverses méthodes d'enseignement de la jurisprudence, tous ces jeunes gens passèrent ensuite à l'Université de Bourges, où professait le docte Alciat. C'était une autre école, et l'on y tenait naturellement en discrédit les doctrines préconisées à Orléans. Duchemin, indigné des attaques dirigées chaque jour contre son ancien maître, Pierre de l'Estoile, prit sa défense dans un opuscule dont Calvin surveillait l'impression à Paris en 1531. Ce dernier avait déjà mis au jour le traité *sur la Clémence* de Sénèque (3).

A Bourges, Calvin et Daniel s'attachent à Charles Sucquet, protégé d'Erasme et ami de Dolet, à Vulcob (4), à Roussard (5), à Louis Le Roy (6), puis à Melchior Wolmar (7), qui les initie aux lettres grecques. Ils avaient encore pour condisciples P. du Chastel, futur évêque d'Orléans, et le déjà savant Jacques Amyot.

L'amitié qui unissait Daniel et Calvin devint de jour en jour plus étroite. Ce dernier en donna des preuves incon-

---

(1) Cheminus, *Cod. Bern.*, 450 : 7, 60.

(2) Célèbre jurisconsulte, conseiller du roi et maître des requêtes. Son éloge a été fait par Louis Le Roy et Sc. de Sainte-Marthe.

(3) *Libri senecæ de Clementiá tandem excussi sunt, meis sumptibus et mea opera. Nunc curandum ut undique colligatur pecunia, quæ in sumptus impensa est.* (Calvin à Daniel, *Cod. Bern.*, 450 : 8.)

(4) *Cod. Bern.*, 141 : 137, 283.

(5) *Cod. Bern.*, 450 : 8. Roussard, élève et ami de Duaren, fut depuis professeur de droit à l'Université de Bourges.

(6) Regius. C'est un traducteur distingué. *Cod. Bern.*, 450 : 60.

(7) *Cod. Bern.*, 141 : 115, 190, 249; 450 : 8.

testables. Se trouvant à Orléans pendant une absence de Daniel, il va, sur sa prière, visiter dans son couvent, près de cette ville, une sœur de François (1) qui était sur le point de prendre le voile, afin d'éprouver si sa vocation est inébranlable. Une autre fois, Calvin s'efforce de ramener dans la bonne voie un frère de son ami, nommé Robert, qui avait quitté précipitamment Orléans pour Paris et, de là, se dirigeait vers l'Italie (2).

Daniel ressent une aussi profonde affection pour Calvin, mais son dévoûment ne dégénère pas en faiblesse, et l'on aurait tort de croire que l'ardent sectaire l'ait jamais entraîné dans sa défection religieuse. Deux récents historiens de Calvin, MM. Kampschulte (3) et G. Baguenault de Puchesse (4), ont réfuté cette erreur. Une lettre de Daniel, sur laquelle il convient d'insister un peu, démontrera même que l'avocat orléanais, par une sorte de prescience, avait pénétré les secrets de cette nature ardente et indomptée, et qu'il s'efforça de maintenir dans les bornes d'une légitime ambition ce caractère amoureux des grandeurs. Daniel écrivait d'Orléans à Calvin, le 27 décembre 1531 : « Je ne saurais t'annoncer rien de bien certain sur ce qui se passe ici. Tu sais que nous avons un évêque de ton pays dont nous attendons chaque jour l'arrivée. Je voudrais que tu lui fusses tellement recommandé par les soins de tes amis, qu'il te pourvût de la dignité d'official ou de quelque autre (5). »

(1) F. Daniel avait une autre sœur nommée Françoise. *Cod. Bern.*, 450 : 11.

(2) Sur Robert Daniel, *Cod. Bern.*, 450 : 12; 141 : 245. Cette dernière pièce est une consultation d'avocats, signée : Salonion, Petau, J. de Sully, Daniel.

(3) *Johann Calvin, seine kirche and seine statt in Genf.*

(4) *La jeunesse de Calvin. (Revue des questions historiques, 1872.)*

(5) *Scis nos episcopum nationis tuæ habere, cujus adventum quo-*

Jean d'Orléans, cardinal de Longueville, occupa le siége d'Orléans depuis l'année 1521 jusqu'à sa mort, c'est-à-dire jusqu'en 1533, deux ans après la lettre rapportée ci-dessus. La nouvelle donnée par Daniel, malgré son apparence affirmative, ne pouvait donc concerner qu'une permutation de l'évêché d'Orléans, projet qui n'aura pas eu de suites. On sait qu'alors les évêchés, les abbayes, les simples cures même, s'échangeaient avec une déplorable facilité, au plus grand détriment de la religion. Somme toute, il n'a pas dépendu de la volonté de F. Daniel, mais d'un évènement fortuit, que l'apôtre et le chef de la réformation française n'abandonnàt le chemin de l'apostasie et ne devînt official d'Orléans, dignité qui pouvait le conduire aux plus hautes fonctions de l'Église.

F. Daniel ne peut donc pas être soupçonné d'inclination vers les idées nouvelles, malgré le témoignage de Th. de Bèze, à moins qu'on n'en apporte des preuves décisives. Nous en dirons autant de ses fils, dont il est souvent question dans la correspondance des deux amis désormais éloignés l'un de l'autre (1). Les Daniel, à la vérité,

tidie expectamus. Vellem tuorum amicorum opera te illi ita commendatum esse, ut officialis dignitate aut aliqua alia te ornaret. (Cod. Bern., 450 : 62.)

(1) On chercherait vainement ces preuves dans les biographies qui se contredisent. D'après les _Hommes illustres de l'Orléanais_, II, p. 75, Pierre Daniel est calviniste, né d'une famille de la même religion. Dans la _Nouvelle biographie générale :_ « il était d'une famille calviniste, mais semblait pratiquer la croyance opposée. » On lit dans la _Biographie universelle :_ « Sa famille était citée pour son attachement au catholicisme. » D. Gérou dit qu'il professait ouvertement cette religion. (_Bibliothèque des auteurs et écrivains des ville, duché et diocèse d'Orléans_, ms. 467 de la bibliothèque publique d'Orléans.) C'est d'après cet auteur, généralement exact, que l'abbé Pataud a rédigé pour la _Biographie universelle_ les notices relatives à l'Orléanais. Pourtant, celle qu'il a consacrée à P. Daniel est remplie d'erreurs, quoique fort courte.

eurent les Châtillon pour protecteurs. Ils contractèrent des amitiés compromettantes comme celles de Wolmar, Buchanan, Lambert Daneau, Florent Chrestien ; mais nous n'avons pas rencontré dans toutes leurs lettres un seul mot de controverse religieuse. On peut cependant estimer que des coreligionnaires n'eussent pas évité d'aborder un sujet également sympathique des deux parts, dans une correspondance où règne parfois un grand ton d'intimité.

Fançois Daniel eut deux fils, Pierre et François. Il leur inspira le goût des belles-lettres et de la jurisprudence. Il semble que François y ait été d'abord moins appliqué que Pierre, car leur père écrit à Calvin dans une lettre sans date, mais qui doit se rapporter à l'année 1560 : « Grâce surtout à tes exhortations, François a embrassé, comme son frère Pierre, l'étude de la jurisprudence; il travaille avec ardeur. » C'est à Bourges, semble-t-il, que les deux frères suivirent d'abord les cours de droit. L'Université de Bourges, sœur cadette, mais un peu jalouse, de celle d'Orléans, brillait alors d'un vif éclat. Dès 1529, en attirant Alciat à Bourges, François Ier avait fondé cette réputation. Sa fille, Marguerite de Valois, duchesse de Berry, l'accrut encore. Elle choisit, en 1550, pour présider son conseil, le futur chancelier de France, Michel de l'Hospital (1), qui mit tous ses soins à développer l'enseignement du droit dans la capitale de son apanage. L'Hospital rétablit Duaren dans la chaire que Baron l'avait forcé d'abandonner par de continuelles attaques; il fait recevoir Hugues Doneau professeur, à l'âge de vingt-quatre ans (2), et

(1) *Cod. Bern.*, 141 : 22, 23, 25; 450 : 87, 88, 90.
(2) Le ms. 341 de la bibliothèque de Berne est intitulé : *Hugonis Donelli annotatæ* (*sic*). C'est un résumé du cours de Doneau, écrit à Bourges par F. Daniel pendant l'année 1560.

appelle Cujas (1) pour tenir le poste laissé vacant par la mort de Baudouin. Bientôt Cujas, dégoûté par les ennuis que lui suscitent Doneau et Duaren, céde la place à François Hotman en 1557 ; mais il revient deux ans après, et son talent réunit, avides d'entendre sa parole autorisée, des étudiants tels que Jeannin (le président), Arnaud d'Ossat, Fr. Pithou, Claude Dupuy, Hubert Van Giffen, Jean Passerat, Alph. d'Elbène, et tant d'autres avec lesquels Daniel resta toujours en relations d'amitié plus ou moins étroite. L'Université de Bourges comptait alors six mille écoliers, au rapport d'Antoine Lecomte, l'un des régents; beaucoup étaient Allemands, s'il faut en croire Hotman.

Les professeurs de l'Université de Bourges étaient partisans déclarés des réformes inaugurées par Alciat et qui préparaient la suprématie de l'école française. Tous condamnaient les procédés terre-à-terre des glossateurs et des commentateurs, des *Accursiens* et des *Bartolisies*. Reconnaissant tous la nécessité de ramener les juristes aux principes et à la pureté des textes, ils ne s'accordaient pas complètement sur la meilleure manière de dégager les lois générales qui dominent la science du droit. Duaren et Doneau préconisaient l'alliance de la philosophie et de la jurisprudence (2), tandis que Baudouin et son successeur Cujas éclairaient en outre l'enseignement du droit par l'étude du langage, de l'histoire, des mœurs et des institutions de l'ancienne Rome.

Cette dernière méthode offrait l'inappréciable avantage de ne plus présenter le droit romain comme une pure

(1) *Cod. Bern.*, 141 : 161, 165, 170, 195, 204, 209; 450 : 6.
(2) Hubert van Giffen (Gifanius), que les Allemands surnomment le Cujas de la Germanie, écrivait à Muret : *Ad juris scientiam philosophiam necessariam esse non ignoras*. (*M. A. Mureti epistolæ*, p. 76.)

abstraction, mais de le replacer dans son véritable milieu, comme l'un des principaux membres d'un corps dont on connaît toutes les fonctions, tous les organes. Elle dirigeait, par une pente insensible, les jeunes gens des écoles vers la recherche et l'habitude de l'antiquité. La culture des belles-lettres apportait une agréable distraction à des travaux déjà moins arides, et les heures s'écoulaient sans laisser de place à l'oisiveté ni à des plaisirs moins délicats. L'emploi de ces journées d'étudiants est décrit, dans les correspondances savantes du temps, avec une complaisance qui en fait goûter et partager tout le charme (1). La réforme dans l'enseignement du droit, basée sur une étude plus approfondie de la loi romaine, en fit délaisser tous les éléments qui se trouvaient incompatibles avec les mœurs et le caractère français. Conséquence éloignée, mais nécessaire, cette réforme prépara l'unité de législation et la codification du droit national. Elle fut, en outre, l'un des principaux auxiliaires de la renaissance des lettres. Désormais la critique et l'histoire deviennent des sciences sérieuses.

Joignant l'exemple au précepte, Cujas ne se contentait pas de professer la jurisprudence. Ami de l'étude, instruit dans toutes les branches de l'antiquité, Cujas possédait une érudition aussi profonde que variée. Il la mit au service de la bibliothèque du roi dont les manuscrits lui furent volontiers confiés. Il déchiffrait les plus difficiles avec une rapidité merveilleuse qui n'avait d'égale que la sûreté de ses appréciations. Il s'attachait volontiers, paraît-il, aux plus distingués de ses élèves, leur prêtant ses livres, ses notes (2), de l'argent au besoin. Tous conservèrent de lui

(1) Voir à ce sujet *Epistolæ clarorum virorum* et *Mureti epistolæ latinæ.*

(2) « ... Quant aux émendations du sʳ Scaliger et autres, je n'en

un affectueux souvenir; quelques-uns même devinrent ses amis comme Van Giffen, Passerat, les Pithou et Bongars. Pierre et François Daniel furent de ce nombre. L'excellent professeur s'applique à développer leurs aptitudes en entretenant avec eux une correspondance active. Dès le mois de mars 1560, ce commerce littéraire est bien engagé. Cujas complimente François Daniel (1) sur les lettres qu'il en a reçues et qui sont des preuves aussi bien de son amitié que de son érudition. « Je vous prie, ajoute-t-il, pensez au *Prudence* que vous m'avez promis il y a quelque temps de m'envoyer ou de m'apporter (2). »

Cujas, avons-nous dit, quitta Bourges plusieurs fois avant de s'y fixer définitivement. On rencontre dans le recueil de Bongars plusieurs mentions des vicissitudes qui traversèrent sa glorieuse carrière, et qui le conduisirent de Bourges à Valence et de Turin à Toulouse (3).

P. Daniel se crée d'autres relations sérieuses. C'est d'abord Guillaume Fornier, jurisconsulte distingué, plus tard docteur-régent de l'Université d'Orléans, fonction qu'il rend héréditaire dans sa famille (4). Celui-ci lui pro-

---

ay si grande affaire que pensez; mais le désir que j'ay d'en repaistre et contenter mon esprit me fait vous les demander et vous envoyer en récompense'les notes que vous demandez du sr Cujas. » (F. Daniel à Pierre, *Cod. Bern.*, 141 : 195.)

(1) Sur François Daniel, *Cod. Bern.*, 141 : 107, 115, 161, 165, 183, 193 à 200, 205, 236, 293; 341 : 144; 450 : 6.

(2) Jacobus Cujacius Fr. Danieli adolescenti. (*Cod. Bern.*, 460 : 6.)

(3) ... *Cujacium relictis bubus, vitulis et tauribus, Taurinis, inquam, rediisse Tolosam, quia nollet egregia illa synagogæ Tridentinæ decreta probare; aliisque, ob religionem quas exhibebant illi contra pacta, molestiis. Uxorem reliquit Valentiæ, quo et ipsum venturum quidam aiunt.* (Gifanius à Daniel, *Cod. Bern.*, 141 : 165.) D. *Cujacius paucis ante diebus Lugduno Valentiam redierat scholas suas redintegratum.* (T. Gisius à Daniel, *Cod. Bern.*, 141 : 170.)

(4) Fornerius, *Cod. Bern.*, 141 : 106, 107, 139, 168, 200, 241ª; 450 : 2.

cure la connaissance d'Antoine Lecomte (1), de Noyon,
proche parent de Calvin, mais non pas son ami. Il doit,
comme Fornier, professer plus tard à Orléans les doctrines de Cujas. Daniel rencontre encore chez Fornier un
compatriote, Florent Chrestien, bon poète français, mais
qui excelle surtout dans les vers grecs et latins, au dire
de Pasquier et de Sainte-Marthe, ses émules et ses admi-
rateurs.

Fils de Guillaume Chrestien, célèbre médecin (2) et
bon littérateur, Florent Chrestien (2) naquit à Orléans en
1541. Il n'était donc âgé que de vingt ans, et déjà G. Fornier l'appelait *homme très-docte.* C'est qu'en effet, malgré
sa jeunesse, il s'était promptement fait un nom estimé
des poètes et des érudits par de précoces travaux, pré-
curseurs d'un grand nombre d'autres. C'est de Paris, où
plus tard il présentera Daniel à toutes les célébrités du
temps, que Chrestien correspond activement avec le stu-
dieux écolier de Bourges. Ils échangent leurs productions,
car Pierre vient à son tour de débuter dans la carrière.

Le premier essai de Daniel est intitulé : *Claud. Can-
tiunculæ j. c. epistola ad Andr. Alciatum j. c. de interpre-*

Il a publié des notes sur Cassiodore et un volume de *Selectiones,* où
figure une formule d'affranchissement de serfs usitée au couvent de
Fleury, que P. Daniel lui avait communiquée.

(1) Antonius Contius, *Cod. Bern.,* 141 : 172, 176; 450 : 2. *Noster
idem Daniel quem e tuo fecisti communem amicum.* (Lecomte à Fornier.) On lit dans les *Mémoires de la vie de J.-A. de Thou,* qui fit ses
études à Orléans en 1572, sous Anne Robert, G. Fornier et A. Lecomte : « Il serait de l'intérêt public qu'on recueillît en un seul volume les écrits de ce dernier, qui sont dispersés de tous les côtés. »
Lecomte cultivait aussi la peinture.

(2) Il enseignait cette science à l'École de médecine d'Orléans, dont
R. de Massac était doyen. Sur G. Chrestien, *Cod. Bern.,* 141 : 127 à
129, 233, 233a; 450 : 51 à 55.

(3) *Cod. Bern.,* 141 : 107, 111, 130 à 135, 165, 200, 287; 450 : 82.

tatione l. quinque pedum c. fin. regund. (1). C'est une
dissertation très-ardue sur la prescription. Le jeune auteur
dépense autant d'habileté pour se cacher que d'autres
pour faire valoir leur œuvre. La préface est datée d'Orléans, le 30 avril 1561 ; mais l'épître de Cantiuncula serait de 1530. Daniel explique qu'il l'a trouvée dans les
papiers de son père François Daniel, alors étudiant à
Bourges, auquel Alciat l'avait communiquée avec permis-
sion de la copier. Bien entendu, tout ceci n'est qu'une
fable. Les lettres de Florent Chrestien nous apprennent
la vérité et fournissent sur cet opuscule une appréciation
éclairée sans doute, mais adoucie par une bienveillante
affection. Il a lu, répond-il à Daniel (2), son épître de Cantiuncula avec un vif plaisir, non seulement parce qu'il a
conçu une haute opinion de l'érudition variée de Cantiuncula (3), et qu'il lisait autrefois avec intérêt ses vers
hendécasyllabes, mais surtout parce que l'élégance du
style trahit son auteur et que l'anonyme n'a pu le trom-
per. Fl. Chrestien emploie *anonyme* au lieu de *pseudonyme ;*
du reste, ce passage indique clairement que Daniel n'est
pas seulement l'éditeur, mais bien un auteur qui se dé-
guise sous un nom d'emprunt.

Les éloges décernés à Daniel par Chrestien, même s'ils
font un peu mentir le précepte dont il rehausse la valeur,
non licet amico amicum in os laudare, prouvent au
moins l'estime qu'il avait vouée à Daniel et que l'amitié
la plus vive ne tarda pas à remplacer. Il lui parle souvent
de Foquelin, son beau-frère, dont la mort le frappa vive-

(1) Aureliæ, ex typ. El. Gibier, MDLXI, in-8° de 16 fᵒˢ non paginés.
(2) *Cod. Bern.*, 141 : 130 à 132.
(3) Cantiuncula est un jurisconsulte lorrain, cité par Dolet comme
des plus célèbres. Il occupa des charges importantes sous Charles-
Quint, et mourut en 1560.

ment (1). Foquelin, après avoir professé la philosophie à
Paris, enseigna le droit à Orléans. Il était aimé de Chrestien, qui vantait ses qualités littéraires et, par respect pour
sa mémoire, empêcha que ses livres ne fussent vendus à
l'encan.

Bien méritant des lettres, comme lui écrivait l'éditeur
Guillaume Morel (2) en 1561, Daniel, excité par de puissants
encouragements, méditait d'autres succès. A cette époque,
ainsi qu'il résulte de sa correspondance avec l'érudit Jean
Brodeau, il s'occupe déjà du *Querolus* dont il sera question plus loin.

N'omettons pas de dire que si P. Daniel suivit les cours
de droit à l'Université de Bourges, c'est dans celle d'Orléans qu'il semble avoir pris ses grades (3). Sa correspondance ne nous fournit d'ailleurs aucun autre détail sur
cette époque de sa vie.

II.

Après avoir terminé ses études de droit à Bourges et à
Orléans, Pierre Daniel vécut quelque temps auprès de
son père, dans la petite ville de Saint-Benoît-sur-Loire,
située à huit lieues à l'est d'Orléans. C'était le siège du

---

(1) Foquelinus, *Cod. Bern.*, 141 : 127, 130, 136 à 139, 232 à 234,
237. Le court article que la *Biographie universelle* consacre à Foquelin
ne parle pas de son alliance avec les Chrestien, et garde aussi le silence
sur la date de sa mort, arrivée en 1560.

(2) *Cod. Bern.*, 141 : 135, 148, 149, 157.

(3) *Gaudeo gratulorque Aureliæ ad adipiscendum juris nostri lau-
reum candidatum te nunc agere. Bonis avibus, mi Daniel, ventis vela
dederis ; remque a nobis jamdiu exoptatam monitam atque expecta-
tam (Christo favente) auspiceris.* (Joannes Danisius Petro Danieli,
novembre 1564. *Cod. Bern.*, 141 : 236.)

célèbre monastère de Fleury, dont Odet de Coligny
se trouvait abbé commendataire depuis l'année 1551.
Jusqu'alors Odet s'était presque uniquement adonné à la
culture des sciences et des lettres. Sa fortune, augmentée
encore par un grand nombre de riches bénéfices, lui per-
mettait de se poser en Mécène des premiers écrivains de
son temps, tels que Rabelais, Turnèbe, Daurat et Ronsard.

Certains auteurs affirment qu'un docte Orléanais, Nicolas Bérauld (1), ami d'Erasme et de Louis de Berquin, avait
dirigé l'éducation des trois frères Coligny ; ce qui est certain, c'est qu'il faisait partie de la maison du cardinal en
qualité d'homme de lettres. Bérauld était très-lié avec
François Daniel le père. Leurs relations valurent peut-être
à ce dernier l'appui du cardinal et la charge de bailli de
l'abbaye. Ou bien l'on pourrait croire que ces fonctions
judiciaires étaient pour ainsi dire inféodées à la famille
de Daniel, ainsi que l'on en rencontre à cette époque de
fréquents exemples. En effet, un Pierre Daniel était déjà
bailli de Saint-Benoît en 1507, et ses descendants occupè-
rent le même siége durant la seconde moitié du
XVIe siècle (2).

Le bailliage de l'abbaye de Saint-Benoît était important.
Il comprenait dans son ressort six châtellenies, dépendant
du monastère, pour toutes lesquelles le bailli était juge
ordinaire, avec un lieutenant en chacune d'elles. Les appels
étaient portés devant le bailli d'Orléans.

(1) N. Beraldus, *Cod. Bern.*, 141 : 14, 117 à 119, 128, 129 à 150,
205, 241 ; 450 : 15, 16, 48, 57.
(2) Voici la liste des baillis de Saint-Benoît, au XVIe siècle, relevée
par nous sur les actes du fonds de cette abbaye aux archives départementales du Loiret : 1507, Pierre Daniel ; 1532, Pierre le Berruyer ;
1555, Pierre Challoppin ; 1560, François Daniel père ; 1561, Pierre
Challoppin ; 1563 à 1568, René Mairat ; 1573 et 1574, François
Daniel fils ; 1575 à 1604, Pierre Daniel ; 1604, P. Desboys.

François Daniel, en appelant son fils Pierre près de lui, voulait l'habituer à la pratique d'une science dont le jeune étudiant ne possédait encore que la théorie, avec l'espoir d'en faire un jour son successeur. Mais Pierre se sentait irrésistiblement attiré vers les études littéraires, et les calculs patern ls furent déjoués par des circonstances qui servirent, au contraire, merveilleusement le fils. La protection bienveillante du cardinal ouvrit à l'élève de Cujas la bibliothèque du couvent, l'une des plus admirables qui aient jamais existé. A portée de sa main se trouvaient les richesses amassées depuis des siècles par le travail, la patience et l'érudition des fils de Saint-Benoît.

Nous craindrions de sortir un peu de notre sujet en traçant même une légère et rapide esquisse du passé littéraire de cette antique abbaye de Fleury qui a vu sortir de ses écoles tant de savants distingués, tant de célèbres écrivains des annales de la monarchie française. Au moins est-il intéressant de mettre un instant en parallèle la double révolution littéraire que produisit en France, à quelque six cents ans de distance, la recherche et l'étude des ouvrages de l'antiquité. Le rapprochement est d'autant plus curieux que les conditions toutes particulières qui accompagnent ces deux mouvements présentent entre elles un contraste des plus frappants.

La première renaissance, commencée avant Charlemagne, se continue dans les siècles suivants, malgré de longs intervalles de stagnation, avec un caractère fortement accusé de concentration et de sélection. C'est le privilège incontesté d'une seule classe, le clergé, et de préférence le clergé régulier. Les moines, surtout les Bénédictins, recueillent avec une sorte de pieux respect les débris épars de la civilisation païenne. Ils réunissent, sans distinction, tous les manuscrits des vieux écrivains sacrés ou

profanes, même ceux des rhéteurs et des grammairiens
du Bas-Empire. On se les communique d'une abbaye à
l'autre, avec les plus grandes précautions contre les
chances de perte. Ces moines érudits ne regardent ni aux
frais ni aux dangers d'un voyage pour examiner plusieurs
copies afin d'établir le meilleur texte. L'ouvrage est enfin
multiplié par les plus habiles et plus savants scribes de
chaque couvent; mais ces manuscrits restent presque
toujours entre les mains de la seule classe instruite.

Puis les parlements sont institués, les universités s'éta-
blissent. Les clercs, les légistes partagent les bienfaits de
l'instruction avec les prêtres et les moines. Les grands
seigneurs même, dès le XIVe siècle, recherchent les manuscrits à titre de curiosité surtout, il faut l'avouer;
mais enfin le cercle s'est déjà bien agrandi.

Arrive le XVIe siècle et la seconde renaissance. Une
nouvelle évolution se produit, non plus avec le caractère
de concentration que nous avons signalé, mais bien au
contraire dans des conditions étonnantes de généralisation
et d'expansion. Cette différence capitale est produite par
la découverte de l'imprimerie, à laquelle chacun veut con-
fier, pour en perpétuer le souvenir, ces anciens auteurs
sauvés une première fois par les moines du moyen âge.
C'est que, désormais, tout le monde est savant, les poètes
et les jurisconsultes, les artistes aussi bien que les magistrats, les médecins comme les diplomates. Tous ces érudits, commentateurs et annotateurs, ont recours aux presses
des Alde, des Estienne, des Morel et des Patisson, pour faire
parvenir jusqu'à nous des ouvrages successivement épurés
jusqu'à l'entière restitution du texte primitif. Sans doute,
au plus fort de l'engouement qui s'emparait de tous les
esprits, un zèle excessif tira momentanément de l'obscurité
plus d'un médiocre écrivain qui n'espérait pas revoir la

lumière ; mais l'épreuve du temps n'a guère laissé survivre que les chefs-d'œuvre.

La renaissance s'appuyant ainsi sur l'antiquité, n'est-ce pas l'image de l'enfant qui essaie timidement ses premiers pas sous l'œil prudent de la vieillesse, puis s'éloigne peu à peu, tandis qu'il sent croître ses forces et s'élance bientôt, fier de sa jeunesse, libre de tout frein, à travers des sentiers qui n'ont jamais été parcourus?

De même, l'esprit moderne ne devait pas s'absorber indéfiniment dans la contemplation et l'imitation servile des anciens. Après avoir tiré d'une littérature qui lui paraît surannée son style, ses tournures, ses images, pour rendre des sentiments qui appartiennent à tous les temps, le XVIe siècle voulut vivre pour lui-même et par lui-même. Dans son amour de progrès et de réformes, il éprouve le besoin de créer un langage nouveau pour exprimer des idées jusqu'alors inconnues. En même temps que le dictionnaire s'enrichit de termes empruntés des Grecs d'abord et des Latins, puis des Italiens et des Espagnols, l'esprit national, obscurci et alourdi par les disputes de l'école, s'avive et s'aiguise au feu des controverses religieuses et politiques. Près de la tombe qui se referme sur l'antiquité et le moyen âge, on voit grandir le génie de la langue française.

Mais ceux même qui suivent avec le plus d'admiration ce merveilleux développement doivent au moins, sans injustice, témoigner une profonde reconnaissance aux humbles disciples de saint Benoît. Pendant le moyen âge, ils ont été les gardiens vigilants du foyer d'où s'échappe cette vive lueur de la renaissance. En des temps plus rapprochés de nous, ils y rallumeront le flambeau de l'histoire, afin d'écrire les annales dont leurs anciens avaient recueilli les premières pages.

Revenons à la bibliothèque de Saint-Benoît. Elle dut rester un peu dans l'abandon au moment où, l'enseignement universitaire supplantant les écoles épiscopales et monastiques, celles de Fleury perdirent une partie de leur éclat. Cependant Pierre Daniel se préparait à faire connaître au monde savant les richesses que contenait le trésor littéraire de Saint-Benoît, lorsque ce trésor même faillit périr sous ses yeux durant la première guerre de religion.

On connaît l'histoire du trop fameux cardinal de Châtillon (1), qui tenait en commende, nous l'avons déjà dit, l'abbaye de Saint-Benoît-sur-Loire et aussi celles de Saint-Euverte, Ferrières et Fontaine-Jean, dans l'Orléanais. Il était sévère pour ses inférieurs ecclésiastiques, comme le prouve l'ordre qu'il donnait, au mois de février 1562, de jeter en prison le chantre de Saint-Benoît (2); mais il se montra plein de complaisance pour les idées nouvelles. Ce prélat, qui avait accepté du pape les fonctions d'inquisiteur de l'hérésie en France, embrassa avec ardeur le parti de la réforme. On le verra bientôt abjurer le catholicisme et célébrer la cène sous ses deux espèces dans son palais épiscopal de Beauvais.

Après la prise d'Orléans par le prince de Condé (2 mai 1562), au lieu de protéger de sa présence le monastère de Saint-Benoît, le cardinal se retire au château de l'Isle, résidence de J. Groslot, bailli d'Orléans, l'un des plus notables protestants de la contrée. C'est de là qu'il écrit au prieur de Fleury une lettre portant injonction d'obéir au protonotaire de Vrigny (3), l'un des fidèles du cardi-

(1) *Cod. Bern.*, 141 : 165, 197, 241, 317.

(2) Lettre autographe inédite du cardinal, ms. 394 *bis* de la bibliothèque d'Orléans.

(3) Il s'appelait d'Avantigny. Sa maison, pendant les troubles de

nal, qui partait muni d'instructions secrètes (1). Le premier soin de cet homme, conformément aux ordres reçus, fut de transporter la châsse de Saint-Benoît et tous les reliquaires ou objets précieux du couvent au château de l'Isle, d'où ils ne sortirent que pour être fondus et servir de paie aux soldats de l'armée protestante.

Le mandataire d'Odet de Coligny n'eut qu'un souci, qu'une consigne sans doute : protéger les bâtiments du monastère. Là se borne son rôle. Il assiste indifférent au pillage, sur lequel on comptait peut-être pour effacer les traces du vol manifeste dont l'abbé venait de se rendre au moins complice. L'église fut souillée, les reliques profanées, les archives brûlées en partie. La bibliothèque subissait le même sort; les livres passaient des mains des pillards dans les flammes. Quelques-uns même avaient péri (2), lorsque survint Daniel. Les moments étaient trop précieux pour prendre le temps de parlementer. En présence de la destruction imminente de trésors dont lui seul estimait la valeur, P. Daniel s'avança pour composer avec les calvinistes. Il eut le bonheur d'arracher à prix d'ar-

---

1575, « fut non seulement forcée et pillée; mais, qui plus est, un sien receveur, qui estoit dedans avec d'autres, y fut tué, et enfin le feu y fut mis. » C'est eu ces termes qu'une pièce historique du temps nous apprend la punition de ce pillard.

(1) *Histoire de l'abbaye royale de Saint-Benoît*, par M. l'abbé Rocher, p. 378. Cette lettre y est imprimée d'après le ms. 394 *bis*, cité plus haut.

(2) « En 1562, plusieurs excellents ouvrages furent la proie des flammes, tels que le *Traité de la République* de Cicéron, et beaucoup d'autres dont nous n'avons pas de connaissance. » (D. Gérou, préliminaires de la *Bibliothèque des auteurs et écrivains orléanais*, ms. 467 de la bibliothèque d'Orléans.) La perte de la *République* de Cicéron est d'autant plus regrettable que l'édition de ce traité, donnée par le cardinal Maï en 1822, d'après un palimpseste, ne contient que des fragments de six livres.

gent, des mains d'une soldatesque enivrée par le pillage, la majeure partie des livres auxquels il devait ses plus chères distractions et qui lui procurèrent par la suite une certaine célébrité.

C'est ainsi, d'après les auteurs contemporains et les chroniqueurs même de l'abbaye, que Daniel sauva les plus précieux des manuscrits de l'antique bibliothèque de Fleury (1). Cette action, qui n'était pas sans présenter quelque danger, lui a valu les éloges et la reconnaissance des érudits.

Deux notes détonent cependant au milieu du concert de louanges prodiguées à Daniel. Elles émanent de deux savants bénédictins, désolés (on le serait à moins) de ce que les manuscrits de Daniel aient été perdus pour Saint-Benoît d'abord, puis pour la France. Mabillon, dans la préface de sa *Liturgie gallicane*, jette la défaveur sur Daniel par cette phrase : *Petrus Daniel, causidicus, apud Aurelianos eruditus, et Floriacensis ballivius, qui cardinalis gratia dextere usus, Floriacensis bibliothecæ codices mss. a prœdatoribus, quibus nullius ferme pensi erant, qua arte, quo pretio facile impetravit.*

Dom Martène (2) va plus loin : « Pierre Daniel ne pilla pourtant pas tellement la bibliothèque de Saint-Benoît qu'il n'échappât plusieurs volumes à sa cupidité... » Moréri se joint aux deux savants que nous venons de nommer. D'après lui, Daniel « en détourna une partie et racheta l'autre. » Le *Gallia christiana*, du moins, ne reproduit pas

(1) Le chanoine Hubert, dans son *Histoire de l'Orléanais*, avance, sans preuves, que Daniel, outre les livres de Saint-Benoît, trouva encore moyen de sauver de la même manière la plupart des manuscrits des autres abbayes, églises, communautés, dont il augmenta sa bibliothèque. (Ms. 436 de la bibliothèque d'Orléans.)

(2) *Voyage littéraire*, t. I, p. 65 à 68.

cette accusation de pillage et de vol, à laquelle il est bien facile de répondre victorieusement.

P. Daniel n'était pas de connivence avec le cardinal, puisque le sieur de Vrigny avait seul reçu des ordres. Il n'a pas agi par cupidité, puisque dans un temps de troubles il payait de son argent le rachat de volumes dont les dignitaires, les protecteurs nés de l'abbaye, autorisaient la destruction par leur silence. Enfin Daniel ne pilla pas ; au contraire, il arracha ces manuscrits, non seulement au pillage, mais aux flammes. C'est Dom Gérou qui l'atteste.

Formulant leurs reproches longtemps après le fait qui nous occupe, Mabillon, Martène et Moréri se sont montrés plus sévères, dans la croyance que P. Daniel était alors bailli de Saint-Benoît. En serait-il ainsi, une intervention officielle de sa part ne saurait se comprendre, puisque le bailli ne s'ingérait pas dans l'administration intérieure de l'abbaye et que ses attributions étaient purement judiciaires. Bien plus, les assertions inexactes, seul point d'appui des savants que nous discutons (1), sont mises à néant par les documents officiels. Il en résulte positivement que P. Daniel ne fut bailli de Saint-Benoît qu'en 1575. Treize ans

(1) Que d'auteurs ont cru reproduire Mabillon, dont l'autorité est si légitime ! Ils n'avaient pas lu cette phrase qui termine sa dissertation : *Hæc bibliothecæ Floriacensis fortuna, qualem didicimus ex integerrimo viro Jacobo de Gyvès, apud Aurelianos regis advocato.* Nous avons retrouvé à la Bibliothèque nationale, f° 221 du manuscrit latin 17185, une notice sur la *Bibliothèque de Fleury.* C'est bien celle que Mabillon a résumée, car elle est de l'écriture si facile à reconnaître de J. de Gyvès, et porte en tête : *Pour le R. Père Dom Jean Mabillon.* La bonne foi du savant Bénédictin a donc été surprise, et de Gyvès est seul responsable de la légèreté de ses renseignements et de ses erreurs. Plus loin, nous rectifierons celle qui concerne les lieux où se trouvent la majeure partie des manuscrits de Daniel. Cette erreur-là a fait aussi son chemin dans le monde savant.

auparavant, c'est-à-dire à l'époque du pillage de 1562, le siége était tenu par Pierre Challopin, dont il existe des actes des 27 et 28 février 1562. Son successeur fut René Mairat (1).

La vie tout entière de Daniel, les trente années pendant lesquelles il conserva, de 1575 jusqu'à sa mort, ses fonctions de bailli de Saint-Benoît, protesteraient contre l'accusation portée contre lui. L'estime profonde que mérita son caractère, la libéralité avec laquelle il *communiquait* aux savants ses livres et ses notes, trésor d'érudition non moins précieux, ne permettent pas de supposer une faute qui n'a jamais été commise.

Pierre Daniel s'empressa de *mettre sa précieuse acquisition à l'abri de nouvelles infortunes.* Il transporta les manuscrits de Saint-Benoît à Orléans, dans sa bibliothèque (2), au milieu de ceux qu'il tenait de son père ou qu'il avait déjà réunis lui-même. Il demeurait alors dans le *quartier latin* d'Orléans, *près de Sainte-Croix et près de la rue de l'Écrivinerie* (3).

III.

Dans ses recherches à Saint-Benoît, bien avant la dispersion de la bibliothèque (4), Daniel avait remarqué un *manuscrit* qui lui semblait contenir une leçon inédite de

(1) La liste des baillis de Saint-Benoît-sur-Loire pendant le XVIᵉ siècle a été donnée plus haut.

(2) Relevons en passant une des nombreuses erreurs du court article consacré à P. Daniel dans les *Hommes illustres de l'Orléanais*, t. II, p. 75. On y dit : « Il crut, avec raison, les soustraire à de nouveaux dangers en les renfermant dans *la* bibliothèque d'Orléans. »

(3) *Cod. Bern.*, 141 : 106 et 107.

(4) Le privilége du *Querolus* est daté d'Orléans, 12 décembre 1560.

l'*Aulularia* de Plaute, et qui portait en effet le nom du comique latin. Après l'avoir copié, étudié avec soin, collationné avec deux manuscrits des Franciscains de Compiègne et de Saint-Victor de Paris, il s'appliqua à en restituer les passages défectueux et à en éclairer les obscurités par de nombreuses notes, puis résolut de l'imprimer. Ce projet fut mis à exécution vers la fin de l'année 1564, par les presses de Robert Estienne, imprimeur royal (1).

Le cardinal de Châtillon, qui fut toujours pour Daniel un Mécène des plus bienveillants, l'avait encouragé dans son entreprise. C'est à lui qu'est dédié l'opuscule (Paris, juin 1564). Le jeune éditeur rappelle en fort bons termes l'affection dévouée qu'il avait héritée de son père à l'égard du cardinal, bienfaiteur de leur famille.

En tête du *Querolus* sont inscrites des pièces de vers latins et grecs de N. Hatte. secrétaire du roi et du duc d'Orléans, allié des Groslot, de l'Écossais G. Buchanan et du savant médecin Étienne Maniald. Les érudits ne sont d'accord ni sur le nom de l'auteur du *Querolus,* ni sur l'époque où il vivait. Les uns le croient du VIIe siècle (2), d'autres du VIe (3) ; enfin Rittershusius, Vossius, M. Magnin (4) et la *France littéraire* penchent avec plus de

(1) Voici le titre exact du second opuscule publié par Daniel : *Querolus, antiqua comœdia, nunquam antehac edita, quæ in vetusto codice manuscripto Plauti Aulularia inscribitur. Nunc primum a Petro Daniele Aurelia luce donata, et notis illustrata.* Parisiis, ex officina Rob. Steph. typographi regii, 1564. Petit in-8° de 69 pages et 34 pages de notes.

(2) C'est l'opinion la plus générale, affirme M. Ed. du Méril. (*Origines latines du théâtre moderne,* p. 14, note 4.)

(3) Plusieurs écrivains l'ont attribué à Gildas le Breton, né en 520, en Angleterre. Vossius combat cet avis. (*France littéraire,* XV, 429.)

(4) *La Comédie au IVe siècle,* par Ch. MAGNIN, dans la *Revue des Deux-Mondes,* 15 juin 1853.

vraisemblance pour le IVe siècle. Ce serait en tous
cas dans les dernières années, car la préface est adressée
à Rutilius, poète gallo-romain et fonctionnaire de l'empire
qui vécut à la fin de ce siècle et au commencement de
l'autre (1). Un détail, tiré du *Querolus* même, peut faire
prévaloir cette opinion : c'est la description des mœurs
assez barbares attribuées aux riverains de la Loire, et
qui sembleraient être le résultat de l'insurrection des Ba-
gaudes, commencée au IIIe siècle pour prendre fin pendant le IVe. L'écrivain au courant de ces faits serait,
de préférence, un gallo-romain. D'un autre côté, Daniel dit que l'auteur, s'appelant peut-être Plautius ou
Plautus, comme le comique latin, aura pu être séduit par
l'idée de laisser attribuer son œuvre à celui-ci, au point
de garder l'anonyme. Il est surprenant que ces remarques
n'aient pas attiré l'attention des érudits sur un écrivain du
IVe siècle, auquel les suppositions de Daniel con-
viennent parfaitement, car son prénom se prononçait,
s'écrivait presque comme celui de Plaute, et son nom|même
pouvait prêter à l'équivoque dans un temps barbare. C'est
Axius Paulus, auteur d'une sorte de drame dialogué intitulé : *Delirus*. Il était ami d'Ausone, et celui-ci en parle,
dans une épître qu'il lui adresse, comme d'un écrivain
abordant tous les genres (2).

(1) D'après M. Dupré, plusieurs auteurs ont attribué le *Querolus* à
Rutilius lui-même. (*Notes historiques sur les Daniel d'Orléans et de
Blois*, t. IV, p. 335 des *Bulletins de la Société archéologique de l'Orléanais.*) Cette opinion paraît très-contestable. Celle de Catherinot,
qui en fait l'ouvrage d'un Bénédictin de Fleury, vers l'an 800, ne s'est
pas accréditée.

(2) La lecture du *Querolus* et des auteurs qui en parlent à propos
des origines latines de notre théâtre moderne a depuis longtemps
établi cette opinion dans notre esprit; mais nous n'osions la formuler
plus affirmativement. Un érudit Bordelais, qui a publié d'excellentes

Le *Querolus* n'a de commun avec l'*Aululaire* que l'intrigue et la forme dramatique. Le style en est poétique, quoique souvent barbare ; mais il n'y a pas d'intention de versification bien arrêtée. C'est un pastiche de Plaute, avec des fautes contre la langue et le bon goût. Si l'auteur a négligé les allusions et les plaisanteries grossières par lesquelles le comique latin alléchait son public, il n'a pas su lui emprunter la vivacité de son dialogue, l'esprit de ses saillies et surtout la *vis comica* répandue dans toute la pièce.

Cependant la réputation que Plaute conserva durant tout le moyen âge, et le doute volontairement entretenu dans l'esprit des lecteurs par le prologue du *Querolus*, permirent à l'auteur de ce dernier de trouver au XIIᵉ siècle un imitateur ou plutôt un abréviateur dans Vital de Blois (1). Il mit en récit dans son *Querolus*, poème en vers élégiaques, ce qui était en dialogues et en scènes dans l'ancienne pièce.

Si contestable que soit la valeur littéraire du *Querolus*, tiré de l'oubli par Daniel, celui-ci n'en a pas moins le mérite d'avoir le premier marqué l'une des étapes, forgé l'un des chaînons qui relient la comédie antique à notre scène française, l'*Aululaire* à l'*Avare*, Plaute à Molière.

Les soins que Daniel apportait à ce travail de collation,

éditions des *Essais* de Montaigne et des poésies de P. de Brach, M. Reinhold Dezeimeris, entreprend cette tâche. Il a déjà posé les savantes bases de son argumentation. La connaissance approfondie que possède M. Dezeimeris de la vie et des œuvres du poète Ausone, ainsi que des écrivains du IVᵉ siècle, lui permettra de prouver que l'auteur du *Querolus* est certainement Axius Paulus.

(1) La *Biographie universelle* commet une erreur singulière dans l'article Daniel. Après avoir mentionné les éditions du *Querolus* de 1564 et 1595 : « La même année, ajoute-t-on, Vital de Blois mit l'*Aululaire* en vers élégiaques. »

de restitution et d'annotation d'un ancien texte furent amplement récompensés. Tandis qu'il épurait son goût par la fréquentation des vieux écrivains, il se créait parmi les érudits de son temps des relations précieuses qui ne firent que s'étendre à mesure que lui-même se perfectionnait dans l'étude des belles-lettres.

Le *Querolus* lui procura la connaissance de Jean Brodeau, chanoine de Saint-Martin de Tours et l'un des meilleurs littérateurs de l'époque. Daniel lui avait demandé, en 1561, des avis sur quelques passages obscurs. L'érudit Tourangeau lui répond que son temps est absorbé par l'étude des saintes Écritures et de la langue hébraïque. Il le renvoie au célèbre Turnèbe, qui doit bientôt publier des commentaires sur toutes les pièces de Plaute. Cependant des amis communs, Compain (1) et Fornier, s'employant en faveur de Daniel, Brodeau lui écrit de nouveau deux mois après. En lisant le *Querolus*, il y rencontre l'imitation d'un passage de Virgile et le nom d'Apicius. Or, ces deux écrivains étant d'une époque postérieure à Plaute, il estime qu'il n'est pas l'auteur du *Querolus* (2). C'est aussi l'opinion d'Émile Perrot (3) et des professeurs qu'il a consultés. On a vu que Daniel partageait ce sentiment.

Sur l'avis de Brodeau, Daniel soumet ses doutes à Turnèbe (4) qui, suivant Montaigne, « scavoit plus et scavoit mieux ce qu'il scavoit qu'homme qui feust de son siècle. »

---

(1) Compinus, *Cod. Bern.*, 141 : 241ᵃ; 450 : 4. Nicolas Compain était conseiller du roi et chancelier de la reine de Navarre. C'est à lui que Guillaume Fornier dédie, en 1565, le premier livre de ses *Selectiones*.

(2) Sur Brodeau, *Cod. Bern.*, 141 : 241ᵃ, 242; 450 : 4.

(3) Æmilius Perrotus, *Cod. Bern.*, 141 : 203 à 205, 258, 285, 286.

(4) *Cod. Bern.*, 141 : 96, 98, 205, 242. Turnèbe avait la plus haute opinion de Daniel. (V. ses *Adversaria*, l. 26, cap. 21.)

Barnabé Brisson, avocat au parlement de Paris, et le fameux poète écossais, G. Buchanan, lui apportèrent aussi leur concours. Enfin Pierre Pithou se chargea de revoir les épreuves et de corriger les fautes d'impression. Le *Querolus* avait là des parrains très-recommandables.

Lambert Daneau, l'un des plus féconds écrivains de ce temps, et dont la sincère amitié pour Daniel a laissé de nombreuses traces dans sa correspondance, nous le montre absorbé par les soins qu'il donne à la publication de son *Querolus* (1). Plus tard, il l'engage à donner une seconde édition et lui envoie à cet effet ses annotations et une épigramme latine qu'il pourra faire imprimer, s'il lui plaît. Le *Querolus* avait attiré l'attention du monde savant sur Daniel ; mais il y restait encore tant de fautes, que celui-ci pensa sérieusement à suivre le conseil de son ami. C'est dans ce but qu'il se renseigne auprès des savants en 1566 (2) ; il semble qu'il voulait publier en cette année sa seconde édition, avec la collaboration de Daneau, chez le fameux Plantin (3), car le nom de cet imprimeur se re-

---

(1) *Sed te in Aulularia tua excudenda totum esse cogito inter ipsos artifices anxiè versari, summo mane a diluculo ad prelum consistere, maculas et errata, si quæ inciderent, corrigere : et (quæ est animi tui vigilantia simul et providentia!) nihil omittere ex quo liber ille tuus tersus et venustus in manus hominum venire possit. Quem ego librum magna siti exspecto et cupio felicissimorum laborum tuorum præludium et experimentum quoddam apparere, ut hoc levi gustu studiosorum appetitus irritatus efflagitet quod est apud te reliquum...* (Daneau à Daniel, *Cod. Bern.*, 141 : 104.)

(2) « Quant à *Querolus*, Monsieur, je vous asseure que je ne scaurois de quoy vous y aider. Je n'ay si bonne veue que j'y aie peu adviser que reprandre. Aussi pensé-je que vous y aviez bien pourveu. » (Bordeaux, 15 février 1566, Élie Vinet à Daniel, *Cod. Bern.*, 141 : 142.)

(3) Sur Plantin, *Cod. Bern.*, 141 : 106, 107, 110, 159, 171, 190, 214ᵃ.

trouve souvent dans les lettres échangées avec Daneau (1).
On peut en tirer une autre preuve de l'exemplaire que possède la bibliothèque d'Orléans. Ce volume est précieux parce
qu'il vient de François Daniel à qui Pierre l'avait donné :
Sum Francisci Danielis ex dono Petri fratris, 1564. En
outre, les marges sont couvertes de notes contemporaines
et de deux écritures. L'une, très-posée, corrige les fautes
d'impression nombreuses et assez grossières, signalées dans
l'*erratum*, et beaucoup d'autres encore (2) ; on propose une
nouvelle lecture pour beaucoup de mots. L'autre écriture,
bien plus négligée, reproduit des passages d'anciens auteurs destinés à élucider le texte et différant entièrement
des notes dans le même genre imprimées par P. Daniel à la
suite du *Querolus.* Ces notes ont été, pensons-nous, recueillies par François Daniel, philologue distingué, mais
moins connu que Pierre, ou copiées par lui sur l'exemplaire que son frère préparait pour la réimpression.

Le projet de Daniel ne fut pas mis à exécution, mais il
y a lieu de croire que ses notes, ainsi que celles de Daneau, furent utilisées par Conrad Rittershusius, lorsqu'il
réimprima, en 1595, *Querolus* et le poème de Vital de Blois.

Après le *Querolus,* P. Daniel publie, en 1567, les épigrammes de Georges Buchanan (3). Il était lié avec ce sa-

(1) ... *Si quo in loco me honorifice appelles in iis, quæ a me ex-
cogitata sunt, non displicet ; et proderit fortasse... Utcunque epigramma
latinum scripsi, quod in editione secunda tuo operi et Querolo præfigi,
si placet, velim cum nominis mei adjectione, uti infra transcriptum
invenies...* (Daneau à Daniel, *Cod. Bern.,* 141 : 103, 110, 113.)

(2) Particulièrement page 32, ligne 17, pour le mot *intueare,* on lit
en marge *inturare.* C'est la version proposée par Daneau pour la seconde édition. (*Cod. Bern.,* 141 : 98 et 103.)

(3) *Vidimus hisce diebus epigrammata Domini Buchanani a te edita
Qua de re dici non potest quantum omnes tibi debeant.* (Gifanius à
Daniel, 1567, *Cod. Bern.,* 141 : 159.)

vant Écossais (1) qui, nous l'avons vu, lui prodigua ses
conseils et ses éloges pour son édition du *Querolus*. Ils
comptaient des amis communs : P. de Montdoré et Florent Chrestien d'Orléans, Elie Vinet (2) de Bordeaux. Buchanan s'étant attiré la disgrâce du cardinal Beaton, s'était
sauvé en Angleterre, puis en France. Cédant aux désirs de
Gouvea, il accepta une chaire au collége de Guyenne, à
Bordeaux. Cette institution brillait alors du plus vif éclat
sous des régents tels que Gentien Hervet, Gelida, Gouvea, N. de Grouchy (3), Muret, Élie Vinet. Buchanan enseigna pendant trois ans au collége de Guyenne (4) et y
composa quatre tragédies qui y furent représentées en latin, comme celles de Guérente et de Muret. Montaigne se
vante d'avoir joué les premiers rôles de ces pièces. L'une
des tragédies de Buchanan, *Jephté*, fut traduite en français par Fl. Chrestien et par le conseiller Brinon. Florent
Chrestien semble, du reste, avoir eu une grande prédilec-
tion pour le talent de Buchanan, car il a transporté dans
notre langue une partie de ses ouvrages, ses épigrammes
par exemple, publiées en 1567 à Genève, et son *Cordelier* (5), violente satire contre les disciples de saint François.

(1) Sur Buchanan, *Cod. Bern.*, 141 : 139, 142, 159; 450 : 84.

(2) Vinetus, *Cod. Bern.*, 141 : 141 à 145; 450 : 61, 81.

(3) Gruchius Petro Montaureo, *Cod. Bern.*, 450; 84. Pages 89 et 90
de l'*Histoire du collége de Guyenne*.

(4) *De la renaissance des lettres à Bordeaux au XVI⁰ siècle*, par
M. Reinhold DEZEIMERIS. Voir aussi le *Bulletin de l'histoire du protestantisme français*, 1873, janvier, et l'*Histoire du collége de Guyenne*,
par M. E. GAULLIEUR.

(5) « Je vous prie parler en mon nom à Mons. Chrestien, et lui faire
mes bien humbles recommandations et stipuler en mon nom un exemplaire de son *Cordelier* françois, car j'oy dire qu'il s'imprime... »
(Daneau à Daniel, *Cod. Bern.*, 141 : 107.)

IV.

Pierre Daniel était entré dans la compagnie des avocats au parlement de Paris. Suivant les besoins du moment, il résidait tantôt dans cette ville, tantôt à Orléans, où bientôt il allait remplir de nouvelles fonctions judiciaires.

L'amitié du cardinal de Châtillon s'étend sur François Daniel, qu'il attache d'abord à son conseil, en attendant qu'il puisse exercer le bailliage à la mort de son oncle Mairat, qui en était investi. François écrit, en 1565, une longue lettre à son frère touchant le bailliage de Saint-Benoît, qui comprenait alors toute la juridiction du monastère. Le cardinal, à l'instigation de plusieurs personnes telles que les lieutenants de Châtillon-sur-Loire et de la Cour-Marigny, pensait en restreindre le ressort à la seule châtellenie de Saint-Benoît (2). François parvint sûrement à détourner cet orage (3) en faisant la cour au cardinal, chaque fois qu'il venait visiter son abbaye. « Ces jours-ci, écrit Gifanius à Daniel, votre frère, Chrestien et beaucoup d'autres sont partis pour Saint-Benoît, saluer monsieur de Chastillon. Si la timidité ne m'eût retenu, je les aurais accompagnés, car ils m'y in-

(1) « ... J'ay esté veoir Mons. le cardinal de Chastillon à Saint-Benoist,. qui m'a dict vous avoir veu à Paris; et par le moyen de Mons. du Rondeau, il m'a ordonné pension pour estre à son conseil jusques à ce que je puisse exercer le bailliage. J'espère qu'en aures aultant par delà de son éveschie de Beauvais la première fois que le verrez et que lui demanderez... » (F. Daniel à Pierre, Orléans, 1565, *Cod. Bern.*, 141 : 198.)

(2) F. Daniel à Pierre, *Cod. Bern.*, 141 : 194.

(3) Le bailliage de Saint-Benoît fut plutôt étendu que restreint, car il comprenait à la fin du XVIe siècle, outre la justice de Saint-Benoît et des châtellenies qui en dépendaient, la maîtrise des bois de l'abbaye.

vitaient, et la bienveillance de ce prince est connue de tous (1). »

Comme tous les littérateurs de son temps, Pierre aurait volontiers fait un voyage à la suite d'un ambassadeur en pays étranger, afin de lier connaissance avec les savants, d'échanger avec eux ses idées et de consulter leurs manuscrits. Un instant il fut question de son départ pour l'Allemagne dans de pareilles conditions (2); mais il ne semble pas qu'il ait donné suite à ce projet. D'autres soins le retenaient d'ailleurs à Orléans. Son ami Fornier, dans une lettre d'avril 1566, le félicite des importantes fonctions auxquelles il vient d'être appelé dans cette ville (3). Les fonctions dont parle Fornier sont peut-être celles de juge consulaire. On sait que le chancelier de l'Hospital organisa cette nouvelle juridiction et l'établit d'abord à Paris en 1563, puis dans les autres grandes villes de France de 1564 à 1566.

Nous avons déjà parlé de Daneau. La correspondance qu'il échange avec les frères Daniel, avec Pierre surtout, est très-active pendant l'année 1566. Il emprunte de lui les manuscrits d'Ammien Marcellin et de Tertullien, et lui fait hommage de ses traités *De cultu mulierum* et *De habitu feminarum* (4); il se plaint des hésitations de Gibier

(1) *Cod. Bern.*, 141 : 165.

(2) ... *Cum nuper essem Aureliæ affirmarat frater tuus Daniel te iter in Germaniam una cum regis legato adornare.* (L. Daneau à P. Daniel, *Cod. Bern.*, 141 : 98.)

(3) *Gratulor tibi Aurelianorum mercatorum jura tibi credita. Habes in quo te exerceas et quibus sensim ad mojora conscendas.* (Prid. cal. maii 1566. Fornerii ad P. Daniel, *Cod. Bern.*, 141 : 231.)

(4) Une lettre de Daneau concernant ces écrits, et la minute de la réponse de Daniel, ont été vendues récemment à Paris. (Catalogue Labouisse-Rochefort, mars 1874.) Ces traités méritent d'être recherchés à cause de l'érudition qui s'y rencontre. Daneau était un travailleur

d'Orléans à mettre ses œuvres sous presse et demande à
Pierre de le servir auprès des typographes parisiens. Il
invite à plusieurs reprises, et avec une aimable insistance,
les deux frères à venir passer avec lui la saison des ven-
danges.

Ce qui explique l'intimité de ces relations toutes littéraires, c'est que Lambert Daneau (1) était ministre de
l'église réformée à Gien, *antiquum Genabum ad Ligerim.*
C'est ainsi qu'il date ses lettres latines, sans se douter des
efforts d'érudition que soulèvera, dans les siècles suivants,
la question indécise à cette époque de savoir quelle ville a
succédé à Genabum, d'Orléans ou de Gien (2). Cette dernière
cité est à une courte distance de Saint-Benoît, et je laisse
à penser si ce ministre devait être en bonne odeur auprès
d'un abbé comme le cardinal de Châtillon. Grâce à une si
haute protection, il était le bienvenu dans tout le couvent.

La collection Bongars fournit un témoignage bien curieux de ces relations à tout le moins étranges dans une
contrée où les guerres religieuses sévirent avec le plus
d'acharnement. Pour ses travaux d'un ordre si varié,
Daneau avait souvent recours aux manuscrits de Daniel ;
mais ils ne lui suffisaient pas. Le cardinal de Châtillon

infatigable. Il écrivait avec facilité, mais sans goût et avec une certaine
négligence ; il dit lui-même : ... *Est stilus meus passus et neglectus.
Scis quam parum semper huic excolendo studuerim, neque laboro
quum ad amicos scribo.* (L. Daneau à Daniel, *Cod. Bern.*, 141 : 98.)

(1) Daneus, *Cod. Bern.*, 141 : 96 à 113, 130, 156, 159, 208, 257,
290.

(2) Le témoignage de Daneau semble être la plus ancienne affirmation
sur laquelle pourraient s'appuyer les prétentions de la ville de Gien.
C'est seulement au siècle suivant, en 1634, que Séguier, évêque
d'Auxerre, à la fin des règlements donnés au chapitre de Gien, écrit :
Datum Genabi. Voir l'intéressant mémoire de M. le chanoine PELLETIER :
Gien-sur-Loire et le Genabum des Commentaires de César, au tome IX
des *Mémoires de la Société archéologique de l'Orléanais.*

lui permit volontiers, « pour en user au soulagement et advancement de ses estudes, » de puiser dans la bibliothèque de Saint-Benoît, dont une partie avait échappé aux fureurs de leurs coreligionnaires. En vertu de cette autorisation, Daneau écrivait de Gien, le 31 décembre 1566, au prieur de Saint-Benoît, une lettre où il demandait quelques volumes, et qui se terminait ainsi :

« Je feray fin à la présente par mes bien humbles recommandacions à votre bonne grâce et de *madame la prieure, vostre bonne partye;* priant Dieu vous avoir en sa sainte sauvegarde. Escript à Gyan, ce dernier de décembre 1566.

« Daneau. »

Lambert Daneau, ministre à Gien, se recommandant aux bonnes grâces de madame la prieure de Saint-Benoît ! C'est là un signe bien caractéristique des mœurs de l'époque. Dans les temps d'agitation, alors que se troublent les cœurs les mieux trempés, les esprits timides cherchent péniblement leur voie. Hésitant sur l'accomplissement de leurs devoirs, malgré les reproches d'une conscience inquiète, ils se laissent parfois entraîner au gré de leurs passions, à imiter les faiblesses dont les grands ont donné le premier exemple. L'étrange mariage du prieur de Saint-Benoît ne devait donc surprendre personne, alors que son abbé, Odet de Coligny, cardinal de Châtillon, évêque de Beauvais, venait d'épouser Isabelle de Hauteville ; alors que l'évêque de Troyes, Antoine Carraccioli, prince de Melphe, marié aussi, s'était retiré auprès de sa sœur, dame de Châteauneuf-sur-Loire, à deux lieues de Saint-Benoît, pour y mourir en 1569.

On a vu le triste rôle que joue Odet de Coligny à l'occasion du pillage de Saint-Benoît. Il était alors au châ-

teau de l'Isle, près Orléans, et devenait, avec Théodore
de Bèze, le conseil et le diplomate du parti protestant.
C'est à ce titre qu'il correspond avec Catherine de Médicis
durant la première guerre de religion, et qu'il négocie avec
le chancelier de l'Hospital les clauses de la paix d'Orléans
qui devait la terminer (19 mars 1563). Odet avait jugé
convenable de quitter le costume ecclésiastique pour revê-
tir des habits séculiers ; mais il avait trouvé bon de garder tous ses bénéfices. Cependant son attitude pendant
le soulèvement calviniste attire bientôt sur lui les foudres
de la cour de Rome. Une sommation de comparaître étant
restée sans résultat, le pape Pie IV le frappe d'excommuni-
cation majeure, le déclarant hérétique, apostat et déchu de
tous ses titres, bénéfices, abbayes, évêchés (31 mars 1563).
Pour protester contre cette sentence, il reprit la pourpre,
et les historiens prétendent, peut-être à tort, qu'il se ma-
ria revêtu des insignes cardinalices. Cet événement eut
lieu dans la chapelle d'un château près de Beauvais, dans
les premiers jours de décembre 1564 (1).

Sa femme, Isabelle de Hauteville, dame de Loré, était
demoiselle d'honneur de Marguerite de France, duchesse
de Savoie, fille de François Ier. Quant au nouvel époux,
voici son portrait crayonné par un historien beauvaisin :
« C'estoit un beau vieillart, ayant la barbe longue et
blanche, vestu tousiours de noir, d'une grande saye de
velours ou de satin, avec un long manteau, sans porter
aucune marque de cardinal. Au reste, d'un bon naturel
si on ne l'eust gasté (2). » Cette description est entière-

---

(1) *Martenius noster in archivio abbatiæ Fontis Johannis, in diœcesi
senonensi cujus abbas erat Odetus, vidit tabulas matrimoniales illius
cum Isabella de Hautevilla. Datæ fuere die 2 decembris 1564.* (D.
CHAZAL, *Hist. ms. de S. Benoît*, à la bibliothèque publique d'Orléans)

(2) *Histoire et antiq. du pais de Beauvaisis*, par P. LOUVET, 1631, in-8°.

ment conforme à une estampe contemporaine où Marc Duval représente les trois Coligny en habits de ville absolument pareils, debout, une main posée sur le pommeau de leur épée (1). Odet n'a pas l'air le moins belliqueux; quoique diplomate, il tirait volontiers l'épée et se comporta très-bravement à la bataille de Saint-Denis, suivant le témoignage de Brantôme (1567).

Orléans était redevenu capitale du protestantisme à cette nouvelle prise d'armes, terminée le 23 mars 1568 par la paix de Longjumeau, qu'on aurait pu nommer *mal assise*, comme plus tard celle de Saint-Germain. Les protestants, du moins, ne croyaient guère à sa durée, comme le prouve cette lettre que le cardinal écrivait d'Orléans au prieur de Saint-Benoît, quinze jours après la signature du traité :

« Prieur, je vous envoye encore (2) ce gentilhomme des myens présent porteur pour ayder à vous conserver; à ceste cause vous ferez ce qu'il vous dira et conseillera pour vostre conservation. Priant à tant le Créateur vous donner, prieur, sa saincte et digne grâce. D'Orléans, ce vIIIe jour d'avril 1568.

« Vous direz aussi à tous ceulx de la ville que je veulx et entendz qu'ilz luy obéissent, et à ceste fin leur montrerez ceste lettre.

« Vostre bon abbé,

« LE CARDINAL DE CHASTILLON (3). »

(1) *Magasin pittoresque*, 1859, p. 404.

(2) Cet *encore* est-il un souvenir de la lettre de 1562, dont il a été question plus haut?

(3) Lettre autographe inédite, insérée par D. Le Roy dans son *Hist. de S.-Benoît*, bibl. d'Orléans, ms. 394 *bis*, I. Cet auteur rapporte que les soldats calvinistes avaient fait une seconde expédition à Saint-Benoît, le 2 janvier 1568. Le monastère fut protégé; mais l'église de Saint-Sébastien aurait été brûlée sans l'intervention de Jean d'Argery,

Cette lettre est le dernier vestige qui soit resté de l'administration d'Odet de Coligny comme abbé de Saint-Benoît. C'est aussi une des dernières qu'il ait écrites en France, car dès les premiers jours de septembre de cette même année 1568, il gagnait l'Angleterre. Il y sert tantôt les intérêts de la cause protestante, tantôt la politique de Catherine de Médicis en suggérant l'id'e, longtemps caressée, du mariage du duc d'Anjou avec Élisabeth d'Angleterre.

Cependant le temporel du cardinal avait été saisi, et son abbaye de Saint-Benoît donnée à Louis de Lorraine, cardinal de Guise. Celui-ci s'en démit lorsque survint l'édit de pacification qui rendait aux protestants leurs titres et leurs revenus. En vertu de cet édit, et sur la requête du cardinal de Châtillon, le 12 mars 1571, Artus de Cossé, comte de Secondigny, gouverneur de l'Orléanais, lui donna mainlevée de la saisie faite, à cause de son hérésie, sur les revenus de ses abbayes de Saint-Benoît, Ferrières, Fontaine-Jean. Il ne devait pas jouir personnellement de cette réintégration, car il était mort subitement un mois auparavant, le 14 février 1571, à Southampton, sur le point de revenir en France.

A peu près à ce moment, le 25 mars, son frère, Gaspard de Coligny (1) se remariait à Jacqueline d'Entremont. Il était alors en grande faveur auprès de Charles IX, qui semblait adopter ses projets d'intervention armée dans les Pays-Bas. Le roi lui fait don de 100,000 livres comme cadeau de noces et comme indemnité du pillage de Châtillon-sur-Loing pendant la guerre. Il lui avait déjà abandonné

---

aumônier du couvent, qui monta à cheval et fit tant qu'il sauva cette église, soit par son courage et celui des assistants, soit par la sauvegarde qu'il avait reçue de la main de Condé pour Saint-Benoît et les environs.

(1) Sur Gaspard de Coligny, *Cod. Bern.*, 141 : 1, 5, 14, 194.

pour un an le revenu des bénéfices du feu cardinal de Châtillon (1). Il ne faut pas en conclure que l'amiral fût abbé de Saint-Benoît (2); et d'ailleurs mieux eût valu pour abbé un amiral tel que Coligny qu'un cardinal comme son frère. Il en eut à la vérité les profits, mais sans en porter le titre, qu'il fit donner par le roi à un catholique, ainsi qu'il résulte de cette lettre écrite par Gaspard lui-même pour maintenir ses droits (2) :

« Monsieur d'Oizonville, j'ai entendu que vous voulez entreprendre quelque chose sur les droitz de l'abbaye de Saint-Benoist, ce que je trouverois de tant plus estrange que vous pouvez estre bien adverty que le Roy y a nommé en ma faveur celuy que je luy ay voulu présenter pour en estre pourveu. Et partant vous prie que si vous contendez quelque chose qui en deppende, vous le poursuyviez par justice sans le prendre d'autorité, car vous pouvez bien penser que je ne l'endureroys pas. Au demourant, ayant sceu du bailly Daniel que vous le recherchez en quelque chose, je vous veulx bien dire aussy que vous ne lui scauriez faire desplaisir que vous ne m'en feissiez pour ce qu'il est mon serviteur.

« De Chastillon, ce xxiiiie jour de febvrier 1572.

« Vostre bien bon amy,

« CHASTILLON. »

(2) Ce n'est pas sans surprise que l'on voit l'amiral sollicitant les faveurs royales dans la lettre suivante, publiée par M. E. de Barthélemy (*Cabinet historique*, 1874, p. 43) : « ...Je suis aussi très-assuré que V. M. a entendu que j'eusse une bonne part des bénéfices de feu M. le cardinal mon frère, mais jusque icy je m'aperçois pareillement fort peu de l'effet, sy je n'en ay autre nouvelle que celle que j'en ay jusqu'à ce jourd'hui. » La Rochelle, 1er juillet 1571.

(1) Dom Th. Le Roy est tombé dans cette erreur. (Ms. 394 *bis*. I, bibl. d'Orléans.)

(2) Lettre autographe inédite, insérée dans l'ouvrage précédent.

Le Daniel nommé dans cette lettre est François, institué
bailli de Saint-Benoît en juillet 1572, par Paul du Mesnil,
chanoine de Paris, grand archidiacre de Brie, pourvu par
le roi de l'abbaye, sur la présentation de l'amiral. L'attachement de Daniel pour la famille de Châtillon se manifeste dans une lettre qui lui est envoyée de Châtillon par
Legresle. Ce personnage, estimé de l'amiral, qui le recommande très-vivement dans son testament, était le précepteur de ses enfants et de ceux de d'Andelot (1). Après la
mort de Coligny, sa veuve eut le courage de rester à Châtillon; mais craignant avec raison que les ennemis de sa
maison ne continuassent leur vengeance sur ses enfants,
elle les confia à Legresle, qui les conduisit à Berne, puis
à Bâle. Il se montra pour eux, dans cet exil, un protecteur
dévoué, un ami fidèle, un second père, et fit, auprès de
l'électeur palatin et du conseil de Berne, d'actives démarches pour délivrer Jacqueline d'Entremont, que
le duc de Savoie tenait enfermée dans le château de
Nice.

La lettre de Legresle à Daniel (2), du 23 mars 1572, est
un peu antérieure à ces événements. Il parle d'une affaire
judiciaire, puis de « la librairie de feu Monseigneur le
cardinal, laquelle nous espérons recevoir bien tost. »
Comme il ne pense pas y trouver de livres de droit, il
charge Daniel de lui en acheter un certain nombre. Voici
le post-scriptum : « Nous avons tous icy grand contente-
ment du régent que vous avez envoyé, espérans en tirer
beaucoup de fruit et d'ornement pour ceste eschole, bien
que son aage semble déroger à cette dignité, selon l'erreur du vulgaire, mais c'est ce qui le nous recommande

(1) Sur d'Andelot, *Cod. Bern.*, 141 : 20.
(2) *Cod. Bern.*, 141, 317. Consulter sur Legresle le *Bulletin de la
Société de l'histoire du protestantisme français*, t. I, II, XVI, XVII.

davantage. J'ay présentement envoyé votre lettre au collége pour luy faire entendre ce qui luy touche en icelle. »

Le collége de Châtillon-sur-Loing avait été établi aux
frais de l'amiral, qui en prenait grand soin. De doctes professeurs y enseignaient, paraît-il, l'hébreu, le grec et le
latin.

V.

Nous avons accompagné Daniel dans ses études à Saint-
Benoît et dans ses rapports avec les Châtillon, ses protecteurs. Suivons-le maintenant sur de plus vastes théâtres,
à Orléans d'abord, puis à Paris, où l'entraînent tour à
tour son goût pour le travail et les relations précieuses
qu'il s'est acquises par son érudition.

On ne saurait étudier, même par un de ses moindres
côtés, la renaissance littéraire du XVIe siècle, en l'isolant
du grand mouvement qui s'accomplit, en France du moins,
dans tous les ordres d'idées. Alors qu'il eût été si facile
de maintenir les antiques traditions religieuses en corri-
geant quelques abus ; de continuer, en les perfectionnant,
l'art français et la littérature nationale, l'esprit réformateur du XVIe siècle, faisant table rase des résultats lente-
ment acquis pendant les siècles précédents, attaque tout à
la fois : la littérature comme le droit, la religion comme
la philosophie, le langage comme l'art, la politique même.
Le moyen âge s'abîme dans un double courant de réac-
tion vers l'antiquité, d'aspiration vers des opinions étonnantes dans leur nouveauté, effrayantes par leur hardiesse.

Cette insurrection de l'esprit moderne rencontre d'actifs
partisans parmi la jeunesse des écoles, de puissants auxiliaires au sein même des universités, c'est-à-dire que le

mouvement n'eut point un centre unique. Les universités
formèrent autant de foyers intellectuels dont le rayonne-
ment s'étendait sur toute la province. L'étincelle jaillit de
cette foule d'hommes, élèves ou professeurs, étrangers ou
nationaux, donnant ou recevant un enseignement cosmo-
polite; l'embrasement se propage avec une merveilleuse
rapidité. Exercés chaque jour à comparer et à discuter, ils
conservent un esprit frondeur, une tendance naturelle à
critiquer les idées admises sur toutes choses.

Orléans, siége d'une des plus excellentes universités de
lois du royaume, est une des villes où le terrain se trouvait le mieux préparé, les caractères les plus enclins à
suivre l'entraînement de la renaissance. Aussi que d'hommes distingués y apparaissent au XVIe siècle! Que d'illustres savants y séjournent, laissant de leur passage des
souvenirs impérissables!

C'est le brillant Erasme qui ouvre la carrière. Hôte de
Nicolas Bérauld (1), il entretient un commerce littéraire
avec le médecin Pierre d'Angleberme, le président Fr. de
Loynes et Pierre du Chastel, futur évêque d'Orléans. Le
sceptre de la science lui fut vivement disputé par Guillaume Budé (2), le restaurateur des études grecques en
France. Celui-ci comptait aussi des partisans parmi les
Orléanais, entre autres Jacques Lucas, doyen de l'église
d'Orléans.

Les lettres grecques furent mises en honneur et pro-
fessées dans cette ville par J. Reuchlin, Melchior Wolmar,

(1) J. de Boysson, le fameux jurisconsulte toulousain, accusant Bérauld d'avoir laissé deux lettres sans réponse, cherche les motifs de ce
silence prolongé : ... *Aut meum scribendi genus non satis tibi probari,
aut id negligentia fieri tua, quod tibi aliquando Erasmus nisus est
exprobare...* (Cod. Bern., 141 : 246.)

(2) *Cod. Bern.,* 141 : 35.

et plus tard Fr. Bérauld. La médecine était enseignée et pratiquée par R. de Massac, d'Angleberme, G. Chrestien, Et. Hubert, savant hébraïsant; la chirurgie, par Guillemeau.

Pour la jurisprudence, à côté des professeurs étrangers, Anne du Bourg, Foquelin, Ant. Lecomte, G. Fornier, brillent avec non moins d'éclat les noms de plusieurs enfants de la cité : Pyrrhus d'Angleberme, Pierre de l'Estoile, Léon Trippault, Jean Robert et Jérôme Lhuillier. La diplomatie s'honore d'y avoir choisi, pour représenter la France à l'étranger, J. de Morvillier, évêque d'Orléans, Ancel et Bongars, Cl. et Sébastien de l'Aubespine.

Tandis que Gentien Hervet (1), Étienne Paris et l'évêque G. Vaillant de Guélis défendaient à Orléans les doctrines de l'église catholique, Wolmar, Calvin et Th. de Bèze y propageaient le culte réformé, dont les plus savants ministres furent D. Toussain (2), F. Bérauld et Lambert Daneau, et les principaux adeptes Renée de France, les Coligny, les Groslot.

Il serait trop long d'énumérer les Orléanais qui se distinguèrent au XVIe siècle, dans les sciences, la littérature, la poésie ; plusieurs abordèrent avec succès ces diverses facultés. Citons seulement les plus connus : Et. Tempier, Dolet, Ant. Couillart, ami de Marot, les Audebert (3), Louis Aleaume, les de la Taille (4), J. Dampierre, Cl. Marchant, Aignan des Contes, P. de Montdoré, Florent Chrestien, Antoinette de Loynes. Parmi les artistes, ne citons que deux noms, un excellent graveur, Étienne Delaulne, et l'illustre architecte Androuet du Cerceau.

(1) *Cod. Bern.*, 141 : 283; 450 : 51 à 55.
(2) *Cod. Bern.*, 141 : 114.
(3) *Cod. Bern.*, 141 : 172, 195.
(4) *Taillæus, qui hodie Bondarreus appellatur.* (*Cod. Bern.*, 284.)

Tel est le résumé de la renaissance à Orléans. Nous devons nous borner à une sèche énumération, quoique le sujet soit loin d'autoriser une pareille aridité. Il semble maintenant utile d'insister sur quelques-uns de ces noms, afin d'indiquer les ressources que peut offrir la correspondance de Daniel pour la *biographie* de plusieurs des hommes distingués du pays orléanais. En même temps on connaîtra davantage le groupe d'élite au milieu duquel notre savant ne tient pas la dernière place.

Collectionneur émérite, Pierre Daniel ne s'est pas contenté de réunir les lettres qui lui furent adressées par les érudits de son temps et de copier celles que lui communiquaient ses amis. Il conservait aussi soigneusement la correspondance de son père. Ce respect filial a permis aux historiens modernes de présenter sous son véritable jour la jeunesse de Calvin.

François Daniel le père et Calvin eurent pour condisciples les Orléanais G. Hervet, Duchemin, Chr. Landré (1), Copt (2). Revenu dans sa ville natale, Daniel y contracte des liaisons en rapport avec ses goûts littéraires, qu'il devait transmettre à ses fils comme un dépôt sacré. Parmi ces nouvelles amitiés figurent : J. Viart (3), Pierre Bourdineau, prieur de Bazoches (4), N. Bérauld, Pylades, J. Dampierre, G. Vaillant de Guélis, Truchon.

Nicolas Bérauld, professeur de langue grecque et d'élo-

---

(1) Landrinus. Il était docteur en médecine et littérateur. *Cod. Bern.*, 450 : 10. Le ms. lat. 6778 de la Bibliothèque nationale contient un *Traité de la république* composé par ce savant lorsqu'il professait à Orléans.

(2) Copus, chanoine de Cléry, *Cod. Bern.*, 450 : 60.

(3) Jac. Viartus ou Viartius, *Cod. Bern.*, 141 : 118, 183, 184, 293 ; 450 : 16, 18 à 22, 28, 74.

(4) Burdinæus ou Burdinellus, *Cod. Bern.*, 141 : 184, 186, 243, 244, 274, 275, 292 ; 450 : 60, 73, 74, 77, 78.

quence à l'Université de Paris, puis historien et lecteur du roi, est au nombre des meilleurs littérateurs de la renaissance. Il passa ses jeunes années à Orléans et n'y revint que dans ses vieux jours. Il vivait dans la retraite à l'abbaye de Saint-Euverte, où il semble avoir pris l'habit ecclésiastique (1). Cet exemple toucha peu son fils François, qui avait, au contraire, ardemment embrassé la réforme (2). N. Bérauld avait été, en 1537, l'un des convives du fameux banquet dans lequel Dolet, gracié par le roi, réunit la fine fleur des beaux esprits de l'époque. Là se rencontrent Budé, Danès, Toussain (3), Salmon Macrin, N. Bourbon, Vulteius (4) et Dampierre.

Ce dernier, presque inconnu maintenant, jouissait alors d'une grande réputation. Théodore de Bèze l'appelle le prince des poètes pour les vers hendécasyllabes. Jean Dampierre ou de Dampierre (5), né à Blois, avocat au grand conseil, entra ensuite dans l'ordre de Fontevrauld et fut nommé directeur du couvent de la Madeleine, près Orléans (6). Il se lia, dans cette ville, avec plusieurs amis

(1) *Ex tempore cum ad sacra vocarer.* (N. Beraldus, J. Viartio (s. d.), *Cod. Bern.*, 141 : 118.)

(2) Fr. Beraldus, *Cod. Bern.*, 141 : 238; 450 : 48.

(3) Tusanus Beraldo, *Cod. Bern.*, 141 : 150; 450 : 23.

(4) Vulteius. On donne à ce poète champenois les noms de Voutio, Voulté, Facio. M. E. Gaullieur, dans sa remarquable *Histoire du collège de Guyenne*, fait connaître un professeur, Jehan Visagier, maître ès-arts, né à Reims, et constate qu'il ne serait pas impossible que ce professeur et le poète Vulteius fussent le même individu. Il semble que M. Gaullieur n'avait pas lieu de rester dans le doute, et pouvait hardiment affirmer son intéressante découverte du véritable nom français de Vulteius.

(5) J. Dampetrus, *Cod. Bern.*, 141 : 184, 193; 450 : 18, 70, 71, 74, 80.

(6) Il y a une charmante notice sur Dampierre dans l'*Histoire du prieuré de la Magdeleine-lez-Orléans*, par M. le conseiller L. DE VAUZELLES, p. 180.

des lettres, tels que J. Viart, Th. de Bèze, Jacques et Jérôme Groslot, G. Audebert, Truchon, Pylades. Celui-ci
envoie au poète fontevriste une intéressante lettre (de
Ferrare, novembre 1545). Il raconte qu'arrivé au commencement de l'hiver à la cour de Renée de France, fille
de Louis XII, cette princesse le retient près d'elle jusqu'au printemps, en qualité de précepteur de ses enfants.
Celui qui en remplissait les fonctions venait de mourir (1).

Théodore de Bèze, dans une épitaphe où respire libre-
ment le mauvais goût de l'époque, nous apprend que chez
Dampierre un corps énorme enveloppait cette grâce et cette
légèreté d'esprit qui l'ont fait surnommer le Catulle orléanais. Une autre pièce du poète calviniste, dédiée à Truchius et à Dampierre, montre quelle intimité (passable-
ment compromettante pour un ecclésiastique) régnait
entre ces personnages :

. . . .
Ergo quum Bezam Truchius fateatur amicum
Nec me Dampetrus deneget esse suum...
. . . .
Ambo estis vates, ambobus carmina dono,
  Carmina, quæ nostri pignus amoris erunt (2).

Ce troisième ami, Truchon, auquel Bèze délivre un
brevet de poète, était un docteur-régent de l'Université
d'Orléans (3), ami de Morel (4), de Vaillant (5) et de

(1) Petrus Pylades Dampetro, *Cod. Bern.*, 450 : 80. Voir aussi 450 :
11, Calvin à F. Daniel.
(2) *Th. Bezæ Vezelii poemata varia*, 1597, in-4°, p. 151.
(3) Truchius, *Cod. Bern.*, 141 : 183 à 188; 450 : 18 à 32, 74, 77,
78. Il était chanoine de Saint-Aignan, et devint par la suite conseiller
au parlement de Bretagne et premier président au parlement de Grenoble.
(4) Morel, archidiacre. « Truchius Burdinæo, *Cod. Bern.*, 141 : 185. »
(5) Louis Vaillant, ministre de la religion réformée, mort vers 1565.
Son nom latin est Valens, Vallens et même Validus (Th. de Bèze), *Cod.
Bern.*, 141 : 99, 184, 108; 450 : 30, 78.

M. de Bon-Repos (1). Jacques Groslot (2), bailli d'Orléans
et chancelier de Navarre, constructeur du château de
l'Isle et du charmant hôtel devenu la mairie d'Orléans,
confia son fils à Truchon. Le père, homme instruit lui-
même, avait commencé l'éducation de Jérôme ; elle fut terminée par le docteur-régent. Truchon, pourvu d'une
charge de magistrature à Chambéry, envoyait à ses amis
Viart, Bourdineau et Danie! le quatrain suivant que lui
adressait Jean de Boysson (3), autrefois professeur de
droit aux universités d'Orléans et de Toulouse, alors
conseiller au parlement de Savoie :

> Truchius Aurelius, qui sacra volumina juris
> In Genabo quondam volvit utraque manu,
> Incolit Allobroges, et partes judicis æqui
> Sustinet, o felix Camberiense solum!

Jérôme Groslot (4) profita si bien des leçons de pareils
maîtres que, jeune encore, il publia quelques traités de
jurisprudence qui semblèrent dignes d'être réimprimés
longtemps après (5).

Jérôme Groslot se lia d'abord avec plusieurs savants tels
que Carrion, Benedicti, Lectius et Lazare de Baïf(6) ; mais il
abandonna de bonne heure les lettres pour la politique.
Conseiller de la reine de Navarre, puis bailli d'Orléans,

(1) Guillaume Costé ou du Coste, dit Lateranus, abbé de Bon-Repos,
doyen de Saint-Croix d'Orléans (1546-1565), *Cod. Bern*, 141 : 183,
283.

(2) *Cod. Bern.*, 450 : 23, 71.

(3) Io. a Boyssone, *Cod. Bern.*, 141 : 183, 246. Voir la thèse de
M. G. GUIBAL, *De Joannis Boyssonnei vita.* Toulouse, 1863.

(4) *Cod. Bern.*, 141 : 27, 154; 450 : 23, 30, 35.

(5) *Hieronymus meus jampridem expectat dum litteris tuis accer-
satur Luteciam, ut suæ artis specimen ac tyrocinium edat in lucem...*
(Truchius Jacobo Groslotio, *Cod. Bern.*, 440 : 23.)

(6) H. Groslot D. Lazari Bayfio, *Cod. Bern.*, 141 : 27.

comme l'avait été son père, il embrasse aussi le protestantisme et installe un prêche dans son château de l'Isle,
qui sert bientôt de quartier-général aux réformés. Il fut
plusieurs fois condamné à mort à cause de ses opinions, et
périt à la Saint-Barthélemy. De Thou rapporte qu'il vit
jeter son cadavre dans la Seine.

Jérôme Groslot avait un frère nommé Henri, pour lequel
Truchon cherchait un précepteur. Jacques Toussain, le
professeur royal, lui recommande un certain Gabriel
Calleus (1) comme ayant du mérite et devant aussi faire
l'éducation du fils de Petau (2), compatriote des Groslot
et quelque peu leur parent.

François Daniel le père s'était trouvé en rapport avec
tous ces personnages, puisque son fils avait dans ses
mains leur correspondance. Nul doute que ces relations
ne fussent excellentes et que, par la suite, Pierre n'en ait
recueilli le bénéfice, d'autant plus qu'on retrouvait en lui
l'aménité et l'obligeance paternelles. « Je vous prie, » lui
écrivait son ami Vaillant de Guélis, en 1574, pour récla-
mer un service ; « je vous prie vous souvenir de vostre
bon père qui ha de ma cognoissance faict mille gratuites
courvées publicques et privées, sans aultre profict que d'acquisition d'amitiés et louanges (3). » Voilà un éloge qui
peut se passer de commentaires.

La correspondance de P. Daniel donne encore d'intéressants renseignements sur les relations amicales qui exis-
taient entre les savants orléanais de son temps. Aignan

(1) *Cod. Bern.*, 450 : 23, 25.
(2) Io. Truchius Jacobo Groslotio, *Cod. Bern.*, 450 : 23.
(3) *Cod. Bern.*, 141 : 214ª. — François Daniel fils écrit de son côté
à Pierre : « Je verrai M. de Pimpont, et ferai en sorte qu'il ne s'en ira
pas *immunis* de notre part, car je le veux entretenir et continuer
l'amitié que luy portoit mon père. » (*Cod. Bern.*, 141 : 195.)

5

des Contes, apprenant que Pierre quitte son logement, le lui demande pour y aller demeurer avec Massac (1) et Trippault.

Aignan des Contes (2) était doyen de Saint-Pierre-Empont et pénitencier d'Orléans. Élève de M. Wolmar pour les lettres grecques, il resta son ami, ce qui fit suspecter un moment ses opinions religieuses. Il s'adonna surtout à la poésie latine et adressa à Daniel une pièce dans le genre laudatif, si cultivé par ses contemporains :

Quæ tibi tam charo reddam pro pectore dona ?
O fœlix clari soboles patris! En erit unquam
Ut memorem testari animum in tua commoda possim
Et parte ex aliqua benefacta reponere nostris ?
Non etenim hæ nobis vires, contendere ut æquo
Certantes tecum possimus pondere, pridem
Invitum sua quem meditatur tollere fama
Et populis propria spectandum prodere luce.
Nam morum quamvis animique modestia pugnet
Synceris contenta bonis, securaque laudum
Ventosæ quas ferre solent suffragia plebis ;
Egreditur patrios læto tamen alite fines
Vix jam se capiens solitis tua gloria metis,
Jam nulli non nota bono. Quid pendere viles
Possimus pulli, quos vix vicinia novit ?
Aut quæ illi a nobis olim sit gratia digna
Quem sibi tot proceres meritis vincire laborant ?
At victo saltem et tibi se debere fatenti
(Si magnis nequeunt humiles prodesse) manebit
Accepti quondam officii mentisque benignæ
Æternum pectus, memor et studiosa voluntas ;
Hoc uno mœrens a te certamine vinci,
Cœtera nam facilis cedit tibi. Suscipe, victor,
Captivum imperioque tuo vinclisque tumentem.
Tam grata nunquam cupiat qui compede solvi,
Imo ut jucundo tibi nos adamantina nexu
Perpetuum religet, doctorum o magna voluptas !

(1) *Cod. Bern.*, 141 : 173ᵇ ; 218.
(2) Anianus de Contæo, *Cod. Bern.*, 141 : 173 et 174.

Lambert Daneau nous fait maintenant assister, dans un opuscule inédit (1), à la formation d'une académie champêtre. Son oncle Antoine Brachet (2), homme lettré, poète même, possédait dans la banlieue d'Orléans un jardin où des quinconces d'arbres, des berceaux de treilles, répandaient une ombre favorable à la douce conversation de quelques vrais amis. Ce lieu de délices était confié aux soins d'un jardinier plus érudit que le *gouverneur du jardin d'Auteuil*, l'Antoine de Boileau ; car, s'il avait disposé son jardin à la moderne, il en avait désigné les diverses parties de noms tels que Labyrinthe, Dédale, qui respiraient le meilleur parfum de l'antiquité. Là se réunissaient autour de leur hôte Monsoius, Lambert Daneau et son frère Philippe, Jacques Palladius, les deux Mummius (3) et Jean de la Taille de Bondaroy, le soldat poète. On discutait sous l'ombrage les questions les plus ardues de science, de philosophie, de poésie. On dissertait *de omni re scibili.* Dans cette retraite, Daneau compose son traité *De juridictione omnium judicum.* C'est un dialogue entre Daneau et Mummius, en l'honneur d'Anne du Bourg, docteur-régent de l'Université d'Orléans dont il tint plusieurs fois le décanat, puis conseiller au parlement, pendu en Grève, comme hérétique, le 20 décembre 1559. Son supplice avait vivement ému Daneau, qui, après avoir été son élève pendant quatre ans à Orléans, le suivit à Paris. Ce dialogue n'est autre chose qu'un ardent panégyrique. Daneau le dédie à son frère Philippe et l'envoie à P. Da-

(1) De juridictione, etc., *Cod. Bern.*, 284, in-f°.
(2) La mère de Daneau s'appelait Agnès Brachet.
(3) Peut-être faut-il lire *Memmius.* L'abbé Pataud prétend qu'Henri de Mesmes professait le droit à l'Université d'Orléans en même temps que du Bourg. Les relations que Daniel entretint à Paris avec H. de Mesmes auraient donc pu naître à Orléans.

niel en 1565, le soumettant à son jugement (1). Ce traité passe ensuite entre les mains de Florent Chrestien, puis de Baron (2), ministre de la réforme à Orléans. Il ne fut probablement pas imprimé, puisque le manuscrit est resté chez Daniel.

Parmi les amitiés contractées à Orléans par P. Daniel, on doit encore citer son cousin René Mairat (3), lié avec Truchon et Vaillant de Guélis; Claude Marchant (4), scribe, libraire et garde de la librairie de l'Université, auteur de la *Monodie* contenant les épithaphes des docteurs-régents en l'Université d'Orléans, et d'autres personnages; le savant professeur et critique Louis Carrion (5), qui demeura quelque temps au collége de Sainte-Colombe, à Orléans; Alphonse d'Elbène (6), abbé de Haute-Combe en Savoie, puis évêque d'Alby, oncle de celui qui fut évêque d'Orléans au siècle suivant. L'abbé Del Bene, si l'on veut conserver à son nom sa physionomie italienne, connaissait tous les savants et les poètes de son temps : Gifanius, Muret, Dupuy, Scaliger, Passerat et Baïf. Il loue Turnèbe en quelques vers imprimés dans son *Tombeau*, et Ronsard lui dédie son *Abrégé de l'art poétique françois*.

Un autre poète distingué se rencontre fréquemment

---

(1) *Leges, si placet. Tum postea mereaturne hominum lucem judicabis; et facile, quod puto, edetur Lutetiæ; in qua urbe est magna militantium in foro advocationis turba, numerosi judices et utilis earum rerum cognitio.* (Daneau à Daniel, *Cod. Bern.*, 141 : 111.)

(2) Il en est question dans l'*Exercice de l'âme fidèle*, etc., de D. Toussain.

(3) *Cod. Bern.*, 141 : 188, 189, 249. Il était fils du bailli de Saint-Benoît, prédécesseur de François Daniel et oncle des deux frères. Une Mairat fut prieure de la Madeleine-lez-Orléans.

(4) *Cod. Bern.*, 141 : 106.

(5) *Cod. Bern.*, 141 : 152 à 154, 165.

(6) *Cod. Bern.*, 141 : 193, 217.

dans la correspondance des Daniel. Ils l'appellent « M. du Rondeau (1), » nom d'une propriété qu'il possédait à Saint-Denis, près d'Orléans. C'est Pierre de Montdoré (2), littérateur et mathématicien célèbre. Il avait pour amis : Bunel, précepteur de Pibrac, le président de Ranconnet, Paul de Foix, Michel de l'Hospital, l'antiquaire N. Grouchy, Daurat, Florent Chrestien et beaucoup d'autres parmi lesquels il ne faut pas oublier Wolmar et de Bèze, qui l'entraînèrent dans la réforme. Les Guise l'avaient fait nommer conseiller au grand conseil. Il en témoigna peu de reconnaissance, car le duc de Guise ayant été frappé à mort devant Orléans qu'il assiégeait, Montdoré publia une apologie de l'assassin sous ce titre : *Poltrotus Mereus.* Cette satire anti-guisarde était si purement écrite, qu'on l'attribua au docte, mais inoffensif Turnèbe ; aussi devint-elle très-rare presque à son apparition (3). P. de Montdoré remplaça, comme maître de la librairie royale, P. du Chastel (4), successivement évêque de Tulle, de Mâcon et d'Orléans ; mais ses opinions religieuses lui firent enlever cet honorable emploi, qui fut confié à Jacques Amyot (5). Montdoré avait rassemblé à

(1) Raoul Fornier était aussi qualifié sieur du Rondeau ; mais il était né à Orléans en 1562. Il ne saurait donc y avoir équivoque.

(2) Montaureus. Il était d'Orléans, malgré l'assertion de plusieurs auteurs, qui le disent Parisien. *Cod. Bern.*, 141 : 130, 139, 198 ; 450 : 84, 88.

(3) « Je vous envoyeray en *corollarium* des vers de M. du Rondeau, qu'il a faictz sur la mort de Poltrot et du Guisard. J'ay parlé à Gibier, qui m'a dict qu'il est impossible de recouvrer ce livre in-8o, ce qui est vray et l'ay moi-mesme cognu, car il y en a plusieurs autres qui luy en ont demandé à vendre, mais il n'en a jamais sceu recouvrer. Quant à moy, encores que j'en aye grande envie, touteffois je la passe. » (F. Daniel à Pierre, *Cod. Bern.*, 141 : 195.)

(4) P. Castellanus, *Cod. Bern.*, 450 : 94, 95, 96.

(5) *Cod. Bern.*, 141 : 233a.

Orléans une très-belle bibliothèque et une remarquable collection d'instruments de mathématique et de physique; tout fut pillé et dévasté à l'époque de la Saint-Barthélemy. Pour lui, chassé de Paris en 1567, il s'était retiré à Sancerre. C'est là qu'il mourut, loin de tous les siens, dit son ami M. de l'Hospital, dans une poésie consacrée à sa mémoire. L'ex-chancelier de France, retiré au Vignay, recommande chaudement à Paul de Foix, ambassadeur à Venise, le savant Niphus, au défaut de Montdoré qui l'avait beaucoup connu. Il exprime sur la mort de ce dernier des regrets qui donnent la mesure de l'estime qu'il lui avait vouée (1).

Citons encore, pour ordre seulement parce que nous les retrouverons, deux amis intimes de Daniel : G. Vaillant de Guélis (2), chanoine, doyen, puis évêque d'Orléans, bien connu du Parnasse français sous le nom de M. de Pimpont, qui lui venait d'une abbaye sise en Bretagne, et Hubert van Giffen (3) ou Gifanius, né en 1534 à Burden, dans le duché de Gueldres. Élève de Cujas à Bourges, il vint ensuite étudier à Orléans en 1560.

Il y contribue puissamment, en 1565, à la fondation d'une bibliothèque réservée aux écoliers de la nation germanique dont il fut nommé procurateur les deux années suivantes. C'est à Orléans aussi que Gifanius reçut le bonnet de docteur en 1567. Il y professa publiquement pendant quelque temps (4).

(1) M. Hospitalis ad P. Foxium, 1571, *Cod. Bern.*, 450 : 88. D'après cette lettre, la date du 19 août 1570, donnée par certains auteurs pour la mort de Montdoré, est très-vraisemblable, tandis que ceux qui reportent cet événement à 1574 sont dans l'erreur.

(2) Pimpuntius, *Cod. Bern.*, 141 : 156, 157, 160, 163, 168, 189 à 192, 195, 197, 211, 214, 271, 317 ; 450 : 92.

(3) Gifanius ou Giphanius, *Cod. Bern.*, 141 : 39, 105, 110, 155 à 168.

(4) *Conciones habeo illic permissu regio in urbe palam.* (Gifanius à P. Daniel, *Cod. Bern*, 141 : 165.)

Enfin il ne faut pas oublier François Daniel, frère de
Pierre, lié comme lui avec Cujas, Wolmar, Truchon,
Viart, E. Perrot, Daneau, Gifanius, Forcadel, Henri de
Mesmes et V. de Guélis. F. Daniel, comme distraction à ses
occupations juridiques, s'adonnait aussi à la culture des
lettres anciennes et recueillait des notes sur Horace,
Pétrone, Juvénal. Mais il se recommande surtout par
l'amitié qu'il ressent pour son frère (1) et l'aide qu'il lui
apporte dans ses travaux philologiques. Il le tient aussi
au courant de tout ce qui se passe dans leur ville natale.
En l'absence de Pierre, il surveille tous ses intérêts avec
un soin jaloux. C'est ainsi qu'il lui annonce les pénibles
dissentiments qui éclatent au sein de la famille : « Ma
mère a vendu tous les livres que demandiez et ce sans
nostre gré, car ilz ont esté baillez à non prix. Elle a
la clef de vostre estude, laquelle j'ai esté contrainct bailler ;
elle se délibère d'y fouiller avec mon oncle Mairat, qui ne
montre pas l'affection qu'un oncle doibt porter à ses nep-
veux, car il est luy-mesmes suaseur et instigateur de ce
faire. Si je n'avois haste, je vous déduiroys icy comment
il tasche à mettre division en nostre maison (2). »

Pierre Daniel était-il marié à cette époque? Rien ne
l'apprend. On sait seulement qu'il épousa Madeleine Boivin,
fille d'un avocat de Blois, et qu'on baptisa, le 18 septembre 1579, en l'église Saint-Honoré de la même ville,
un fils issu de cette union : c'est René Daniel, avocat
distingué, mort à Blois en 1650 (3). Daniel eut un autre

---

(1) Il semble avoir eu un autre frère nommé Denison. (*Cod. Bern.*,
141 : 193.)

(2) F. Daniel à Pierre, Orléans, 19 avril 1569. *Cod. Bern.*, 141 :
195. V. aussi 194 et 236.

(3) *Notes historiques sur les Daniel d'Orléans et de Blois*, par
M. Dupré. (*Bulletins de la Société archéologique de l'Orléanais*, IV,
p. 138.)

fils, Pierre-François, qualifié sieur de Grand-Pont, érudit
et avocat comme lui. Ce dernier fit imprimer plusieurs
éditions du *Satyricon* de Pétrone et ajouta de nouvelles
remarques à celles de son père (1).

VI.

Tandis que les ennuis domestiques devaient éloigner
d'Orléans Pierre Daniel, ses goûts élevés l'attiraient à
Paris, principal centre de l'activité intellectuelle. Il y fit
plusieurs séjours pendant lesquels il rencontra chez bon
nombre d'amis tout ce qui avait de la réputation dans la
science et dans les lettres, dans la diplomatie et la politique. En 1565, sur le point de faire imprimer le *Querolus*,
il reçoit l'hospitalité chez Barnabé Brisson (2), éditeur du
code de Henri III, auteur estimé de plusieurs disserta-
tions curieuses sur les lois, les mœurs et les cérémonies
des Romains. Brisson, avocat au parlement de Paris (avant
d'en être avocat général et président), fit entrer Daniel
dans cette compagnie, qui se recrutait surtout parmi les
hommes d'une grande intelligence et leur ouvrait la voie
des plus hautes fonctions. Il y retrouve Cl. Dupuy (3),
François Pithou (4), avec lesquels il avait étudié le droit
à Bourges, sous Cujas, en compagnie de Brisson. L'entraînement vers l'étude cimentait l'amitié de ces savants,
et aussi l'amour des livres, car chacun d'eux était possesseur d'une fort belle bibliothèque. C'est à cette époque

(1) D. Gérou, d'après les minutes de Me Sévin, notaire à Orléans.
(2) *Cod. Bern.*, 141 : 113, 160, 168, 192, 214a, 217.
(3) Puteanus, *Cod. Bern.*, 141 : 161, 162, 190, 216, 217, 519.
(4) *Cod. Bern.*, 141 : 161, 239.

que Daniel fait la connaissance de Canter (1), Morel (2),
Ramus (3), Paul de Foix, de Mesmes, Gillius (4), Scaliger,
Passerat et Lambin. Ce qui le rapproche des trois derniers personnages, c'est qu'ils ont, comme lui, dirigé leurs
recherches sur les comédies de Plaute. Touchant cet auteur,
Casaubon (5) cite comme lumières incomparables : Turnèbe,
Camerarius et Lambin dont il vante les commentaires.
Celui-ci écrivait à Scaliger, en lui demandant ses remarques
sur Plaute : « Je vous prie, pour vous et pour moy,
envoyer ce que vous adviserez, non à moy, mais
à quelque aultre de nos amis communs comme Da-
níel ou Pithou (Daniel plustôt, pour ce qu'il est moins
empesché), afin que je lui monstre, à mesure que nous verrons vos escritures, si nous nous accordons ou non, et si
j'ay quelquefois eu les mesmes conjectures ou pensées que
vous (6). »

Il est douteux que la demande un peu indiscrète de
Lambin ait été parfaitement accueillie; car Scaliger aimait
à emprunter, comme nous le verrons, mais c'était un
mauvais prêteur. Et puis, cet homme concevait de lui-
même une trop haute opinion pour supporter l'idée d'une
comparaison avec qui que ce fût. Aussi donne-t-il à Juste
Lipse (7) son sentiment sur le *Plaute* de Lambin avec ce
trait brutal qui le caractérise (8). Ces commentaires de

(1) *Id., ibid.*, 141 : 107, 210, 211.
(2) *Id., ibid.*, 141 : 135, 148, 149, 157.
(3) *Id., ibid.*, 141 : 159.
(4) *Id., ibid.*, 141 : 159.
(5) Epistola J. A. Saraceno.
(6) *Epistres françoises*, liv. II, ép. LIX.
(7) *Cod. Bern.*, 519.
(8) *Plautum Lambini, si vidisti, non admiraris certe scio. Est enim
germanus planè illius Horatii Lambiniani, qui commentariorum mole
laborat. (Scalig. Epist*, lib. I, ep. IV.)

Lambin (1) sur Plaute et sur Lucrèce (je ne dis pas sur
Horace) avaient cependant une réelle valeur. Denis Lambin, savant distingué, bon poète latin à l'occasion, avait
fait de fortes études à Toulouse avec Henry de Mesmes,
Muret, Turnèbe, le médecin Chastellain et Guy du Faur
de Pibrac. Attaché à la maison du cardinal de Tournon, il
resta longtemps avec lui dans ses ambassades en Italie. De
retour en France, il se fixa à Paris et y fut nommé professeur royal. On sait que cette institution, dont le siége
fut plus tard au collége de France, doit son origine au
roi François Ier, sur les instances de Budé et de Pierre
du Chastel. Elle avait pour but, en principe, de favoriser
en France l'enseignement de l'hébreu et du grec, et l'étude
approfondie des auteurs latins. Les premiers professeurs
royaux furent des savants tels que Danès, Toussain, Galland,
Oronce Finé, Vatable, Turnèbe, Ramus, Passerat, Daurat (2). Lambin fut le collègue de ces derniers. Il portait
la même ardeur dans ses recherches; il avait amassé
comme eux des trésors d'érudition; mais tantôt il devient
lourd à force d'entasser les diverses leçons des auteurs ou
de les éclairer par de longs commentaires; tantôt, du moins
on l'en accuse, le désir de faire mieux que ses devanciers
l'incline à substituer des passages entiers à ceux qui se
lisent difficilement dans les manuscrits. Il gâtait ses pro-
fondes connaissances par une forte dose de pédanterie.
C'est dire qu'il partageait les qualités et les défauts d'une
époque où l'on recherchait plus ardemment la science
qu'on ne se montrait habile à s'en servir. Aussi ne doit-on
pas regarder comme bien sérieuse l'opinion des étymolo-
gistes, que le nom de cet érudit serait resté dans la langue

(1) Lambinus, *Cod. Bern.*, 141 : 39, 96, 190, 214, 214ª; 450 : 82.
(2) Auratus, *Cod. Bern.*, 141 : 39, 96, 157, 158, 211.

usuelle comme synonyme d'un esprit lent et péniblement
laborieux. Lambin eut une fin des plus tristes. La nouvelle
du supplice de Ramus, celui de ses collègues auquel il
était le plus attaché, le glaça d'horreur ; pris d'une fièvre
violente, il succomba quelques jours après.

Si nous nous sommes attardé quelque peu en parlant
de Lambin, c'est parce qu'il nous semble un de ceux qui
ont le mieux accueilli Daniel à Paris, et qu'il lui facilita
l'abord des savants avec lesquels il était lui-même en relations quotidiennes ; de même Daneau, Florent Chrestien et Vaillant de Guélis, leurs amis communs, avaient
mis en présence ces deux natures faites pour se comprendre. Leur commerce littéraire se transforma vite en une
profonde affection. On en suit la trace lorsque, deux ans
à peine après la mort du professeur royal, on retrouve
Daniel à Paris en 1574 (1), logé chez sa veuve, Mademoiselle de Lambin (2), de la noble maison des Ursins, qui
instruisait son fils à suivre les traditions paternelles.

En cette même année 1574, Daniel reçoit deux lettres
de Joseph Scaliger (3). Il avait eu déjà quelques rapports
avec le prince des critiques de la renaissance, qui le traite
dans sa correspondance avec quelque amitié. Deux premières lettres (4) de Scaliger à Daniel ne sont pas datées,
mais il le charge de compliments pour Pithou, Daurat,
Gifanius et Lambin. Elles sont donc antérieures à 1572,
époque de la mort de ce dernier. Dans ces lettres, Scaliger s'adresse à la complaisance de Daniel pour l'aider dans
l'impression d'un de ses ouvrages. Celles de 1574, où il

. (1) Il était d'abord descendu chez M. Jolly.
(2) Elle demeurait « près la porte Saint-Victor, au Coc d'Inde. » On
sait qu'il était de bon ton pour les dames et veuves de noble extraction
de se faire appeler *mademoiselle*.
(3) *Cod. Bern.*, 141 : 38 et 39.
(4) *Id.*, 141 : 36 et 37.

l'appelle « monsieur et frère, » concernent un des meilleurs manuscrits de Daniel, les fragments de *Servius*. Scaliger déclare s'en être beaucoup servi dans son *Festus* et remercie vivement son obligeant ami. Scaliger dut encore à Daniel la communication du glossaire que ce dernier avait découvert à Saint-Germain et confié à Cujas et à Turnèbe. Le *Scaligerana* rapporte, concernant Daniel, deux propos qui se contredisent (1); mais on sait que son authenticité est très-contestable. D'après ce recueil, Scaliger se vante de ne point employer de dictionnaire. Il estimait pourtant ceux d'Estienne et de Pithou, et en avait même fait un pour son propre usage. D'ailleurs, peu importe l'opinion qu'on lui prête, puisqu'il fait connaître lui-même sa façon de penser. Toute une lettre à Daniel manifeste le désir de posséder en entier son glossaire. Scaliger assure qu'aucun livre ne lui a jamais porté tant de profit (2).

Savant du plus grand mérite, Scaliger était pétri d'un insupportable amour-propre qui l'entraînait à mépriser les autres en termes d'une violence excessive. Il se plaint vivement d'Henri Estienne (3) qui tardait à lui rendre quel-

(1) Dans le *Scaligerana (secunda)*, Genève, 1686, p. 144, on lit à propos de ce glossaire : « P. Daniel, qui n'estoit pas des plus doctes... » Et plus loin, p. 310 : *Savaro, Juretus. P. Daniel, Freherus docti.*

(2) *Nam de tuo optimo lexico, quod mihi commodasti, hoc vere dicere possum, me hactenus nullum librum tractasse, ex quo plus fructus ceperim. Infinita quidem in eo errata sunt, sed illa sunt, ex quibus illum fructum cepi; adeo feliciter mihi versatus esse videor in illis emendandis. Sed nisi reliquum ad me miseris, vix mihi satisfecero de illis quaternionibus, quos jam accepi, cum ipsi auxerint mihi desiderium eorum qui inter manus tuas restant. Quare oro te mittas ad me illos ut, simul ac eos exscripsero, tibi emendatos remittam. Ego fui Biturigibus, ubi conveni J. Cujacium qui mihi illius lexici portiunculam dedit eorum quæ continetur sub littera V; sed nihil est, nisi tu totum mihi mittas.* (Cod. Bern., 141 : 38.)

(3) Cod. Bern., 141 : 37. V. aussi 205.

ques livres. Quant à Carrion et à Gifanius, il les reconnaît pour
des gens doctes, ce qui ne l'empêche point de les appeler pla-
giaires, larrons, voleurs de livres. Il reproche à Carrion
d'avoir déchiré quelques cahiers du *Gellius* de son père, Jules-
César Scaliger. C'est un auteur qui porte malheur à Carrion,
car Gifanius, sur le point de donner son édition de *Gellius*,
écrit à Daniel pour se plaindre de ce que Carrion veut lui
enlever cette gloire et le faire imprimer subrepticement (1).

Nous n'avons pas à nous occuper ici des connaissances
juridiques de Gifanius, qui lui firent le plus grand honneur, mais de ses travaux littéraires, qui lui ont acquis
la réputation de savant distingué. Encore étudiant en droit,
il publia en 1566 une édition de *Lucrèce* (2) enrichie
d'excellents commentaires. Lambin, qui en avait fait paraître
une autre trois ans auparavant, l'accusa de plagiat. Une
longue querelle littéraire s'ensuivit, dans laquelle Gifanius,
sans se disculper absolument, prouva que Lambin n'était
pas exempt du même reproche.

Gifanius fit ensuite des recherches sur Aulu-Gelle, qu'il
appelle Gellius, et dont le nom lui causa bien du tour-
ment, comme on le verra plus loin. Son maître et ami
Fruytiers lui avait légué des commentaires sur cet auteur. Il mit tous ses efforts à restituer le texte primitif par
la comparaison de sept manuscrits empruntés aux bibliothèques de Cujas, Henri de Mesmes, Daniel (3).

(1) *Intelligo Carrionem Gellium sive Agellium mihi præripere
velle; et jam dedisse eum typographo Parisiensi excudendum, quod
si verum est facit ille facinus illiberale et homine docto indignum.*
1584. (*Cod. Bern.*, 141 : 168.)

(2) *Cod. Bern.*, 141 : 105, 110; 450 : 82. Fruytiers prit naturellement parti pour Gifanius dans son *Carmen ad Obertum Gifanium,
contra Dionysium Lambinum Cari Lucretii emendatorem.*

(3) *Agellium brevi habebis nostrum in quo tui pro dignitate fui
memor.* (Gifanius à Daniel, *Cod. Bern.*, 141 : 168.)

Non content des matériaux qu'il a trouvés en France, Gifanius passe avec Paul de Foix en Angleterre, puis en Italie, à la suite du cardinal de Tournon, ambassadeur à Venise. Il continue ses travaux et persécute de ses lettres Muret (1), pour qu'il lui procure un ancien manuscrit de Gellius conservé chez un de ses amis, à Rome. La démarche n'était pas du goût de Muret, car il fait la sourde oreille. Dans sa réponse, il évite ce sujet; mais, sûr de trouver une corde sensible, il se répand en plaintes contre Lambin. Lui aussi, dit-il, a subi les outrages de cet homme impudent, qui finira par rencontrer des gens moins patients devant l'injure. Comme pourtant ces querelles lui déplaisent, il engage Gifanius à s'en détacher, terminant par cette belle sentence : *Ulciscuntur hominem mores sui !* (2) Le latin en est pur, la phrase concise; mais la probité littéraire de Muret était-elle à l'abri de tout soupçon?

En tous cas, les temps étaient bien changés. Juste dix ans auparavant, Denis Lambin accompagnait le cardinal de Tournon en Italie. Muret le Cicéronien professait alors avec succès à l'Université de Padoue, après avoir quitté la France pour éviter les suites d'une accusation portée contre lui, peut-être à tort, mais qui fut exploitée par des rivaux envieux de son talent. Une active correspondance s'échange entre les deux savants (3). On y rencontre à chaque instant des témoignages de dévoûment de la part de Lambin, de reconnaissance du côté de Muret. Le premier cherche à relever un esprit abattu par les adversités et s'emploie chaleureusement à lui attirer les bonnes

(1) *Muretus, Cod. Bern.*, 141 : 217; 450 : 82.

(2) *M. Ant. Mureti epistolæ*, Paris, 1580, p. 75 à 84. Ces lettres sont des années 1569 et 1570.

(3) *Epistolæ clarorum virorum*. Lugduni, 1561.

grâces de son protecteur. Il y réussit. Le cardinal de
Tournon s'engage à faire des démarches auprès du roi et
du pape. Il veut que Muret rentre en France déchargé,
non seulement de toute peine, mais de toute faute même.
Lambin exhorte Muret à s'attacher au cardinal de Ferrare,
qui bientôt le ramène en France. Il y resta peu de temps,
à la vérité, mais assez pour imposer silence aux envieux
et aux calomniateurs. Au cours de ces négociations, l'érudition n'était pas mise de côté. Dans une longue lettre,
Lambin se plaint vivement des procédés indélicats de Muret, qui dans ses *Variæ lectiones* a introduit plusieurs passages des commentaires sur Horace que Lambin lui avait
communiqués avant de les imprimer (1).

On vient de voir que dix ans plus tard, oublieux des
services rendus, Muret conservait un assez amer souvenir
des reproches de Lambin pour exciter contre lui les res-
sentiments de Gifanius, tout en paraissant vouloir les calmer.

Ces accusations de plagiat ne sont que jeux d'enfant,
auprès de la querelle gigantesque de Scaliger et de Scioppius. Celui-ci, attaquant le prince des lettres dans ses prétentions généalogiques, l'appelle menteur, âne, mulet, et
s'entend à son tour traiter de maraud, effronté, apostat.
Le récit en serait trop long. Rapportons du moins une in-
famie dont Gifanius fut victime. Ce même Scioppius, allant
d'Altdorf à Ingolstadt, où Gifanius professait le droit, lui
porta une lettre de recommandation de Rittershusius. Gifanius l'accueillit parfaitement et lui ouvrit sa bibliothèque. Scioppius en abusa. Profitant un jour de l'absence
du maître, il lui déroba un manuscrit de Symmaque et

(1) *Epist. clarorum virorum*, p. 413-428. Voir la réponse à cette
accusation : *M. Ant. Mureti presbyt., epistolarum* LII, p. 225.

copia rapidement les observations de Gifanius sur la langue latine. C'est avec des matériaux provenant de sources
identiques que Scioppius fit imprimer deux volumes qui
lui valurent quelque réputation. En réponse aux plaintes
de Gifanius, il se vante d'avoir servi la science en com-
muniquant ces trésors à tout le monde : c'est l'excuse commune ; il y ajoute de grossières injures, son argument
ordinaire (1).

On comprend le chagrin et la fureur d'un auteur qui,
après avoir passé sa vie à commenter péniblement deux
ou trois écrivains de l'antiquité, se voit en une nuit
dépouillé du fruit de ses veilles et ressent la douleur de
lire, sous un autre nom, toutes ces remarques qu'il a
réunies au prix de tant de labeurs. Les pillards n'étaient
donc pas seulement, au XVIe siècle, dans les rangs des
huguenots, des reîtres ou des ligueurs. Ces mœurs littéraires sont étranges ; et ces invectives diminuent, sans
doute, à la fois l'estime de celui qui les profère et l'ho-
norabilité de ceux qu'elles pensent atteindre. Mais tous
les savants ne sont pas des Scioppius.

Aux amateurs de contrastes il faut citer l'aménité qui
règne dans toutes ces lettres d'érudits. Beaucoup d'entre
elles, pour le remarquer en passant, étaient écrites pour la
galerie, dans le secret espoir qu'elles seraient un jour
publiées, comme l'habitude s'en répandait alors. Certains
de ces doctes personnages se jalousent certainement au
fond du cœur ; mais quelles démonstrations d'amitié ! quelle
exagération de politesse dans la forme ! *O mi Daniel, mi
amantissime Daniel,* s'écrie Gifanius en recevant de son
ami la copie d'un manuscrit vivement désiré. L'*illustre*

(1) *Les gladiateurs de la république des lettres,* par Ch. Nisard, II,
p. 12 et seq.

Casaubon ouvre une lettre du *divin* Scaliger et s'exclame
en ces termes précieux : « O miel pur ! ô délices exquises !
Où sont-ils ceux qui enseignent qu'il faut s'abstenir de
toutes voluptés ? En vérité, j'ignore ce que ces gens appellent volupté. Pour moi, j'affirme que la lecture de vos
lettres me plonge en des jouissances ineffables (1). » Quel
style raffiné ! Avec un peu d'illusion, ne croirait-on pas
entendre un habitué de l'hôtel de Rambouillet ou quelque
bel esprit discourant dans la ruelle d'une Madeleine de
Scudéri ?

Ces touchantes protestations n'empêchaient pas nos savants de se moquer d'un confrère, même d'un ami, lorsqu'il faisait fausse route. Sur le point de donner son édition d'*Aulu-Gelle,* Gifanius ne sait pas au juste comment
lire le nom de cet auteur (2). Il raconte ses perplexités
sur ce sujet délicat. Dans beaucoup de passages il rencontre la forme : A. Gellius ; d'autres manuscrits donnent :
Agellius. C'est ainsi qu'ont lu G. Faerne et Lambin dans
ses notes sur Cicéron. Il est vrai que ce dernier ne l'adopte
pas dans son *Cornelius Nepos.* Gifanius a encore trouvé
quelquefois : Aggellius. En ajoutant l'initiale du prénom,
il lui semble qu'on pourrait lire : A. Agellius. Malgré les
prodiges d'érudition qu'il dépense à cette occasion, il
reste bien embarrassé, somme toute, et il appelle Muret
à son secours (3). Celui-ci répond à grand renfort de
citations. Il ne tranche pas la question, mais préfère
la leçon : A. Gellius, malgré les arguments en faveur
de : Agellius, parce que c'est l'opinion que les vrais

(1) *Casaub. epistolæ,* p. 525.

(2) *Gellium sive Agellium.* (Gifanius à Daniel, *Cod. Bern.,* 141 :
168.) La question n'est pas décidée, dit Baillet. (*Jugements des Savants.*)
La Monnoye met en note qu'elle l'est depuis longtemps.

(3) *M. A. Mureti epist.,* 1580, p. 82.

6

savants doivent adopter, à ce que prétend son ennemi Lambin (1).

L'erreur où s'entêtait Gifanius ne resta point secrète entre Muret et lui. Le monde savant en fut instruit, peut-être par l'effet d'une petite vengeance de Lambin; et Jean Passerat, lecteur royal, dans un de ses cours publics, plaisanta malignement le critique malencontreux qui, trouvant dans les manuscrits: A. Gellius, prétend voir là un auteur nommé Agellius (2).

Passerat (3), savant et poète à la fois, sert ainsi de trait d'union entre ses compatriotes érudits Toussain, F. Morel, les Pithou d'une part, et le poète Amadis Jamyn de l'autre. Passerat, disons-nous, n'est point cet homme dont Scaliger, en un moment de mauvaise humeur, dit qu'il n'avait pas lu huit livres, qu'il connaissait deux verbes latins, reprenait tout le monde et n'était bon qu'à faire un pédant pour instruire la jeunesse. Passerat pédant! Scaliger s'est lourdement trompé. Il n'aimait pas les pédants plus que Montaigne (4). La raison en est simple; et de Thou, qui connaissait son Champenois, nous le représente d'un seul trait : « C'estoit un homme de bon nez et de bon sens (5). » Savant, Passerat l'était autant qu'homme de son temps. Qu'on ouvre ses *Orationes et præfationes*, et l'on y goûtera une science de bon cru,

(1) *Jam enim clamat Lambinus indocte atque inscienter face.'*, qui *hunc scriptorem Agellium vocent.* (*M. A. Mureti presbyt. epist.,* p. 221.)

(2) *Joan. Passeratii orationes et præfationes.* Paris, 1606, p. 178.

(3) Passeratius, *Cod. Bern.*, 141 : 96, 168, 217 ; 450 : 87. Voir sur Passerat l'intéressante notice de M. des Guerrois.

(4) *Essais*, l. I, c. 24 : *Du Pédantisme.*

(5) Si l'on doit mesurer l'un par l'autre, il suffit de regarder la gravure de Th. de Leu, placée en tête de ses œuvres poétiques, pour affirmer que Passerat avait une forte dose de bon sens.

tempérée d'un esprit subtil et versée d'une main discrète.
Par exemple, il y traite sévèrement les faux savants, surtout dans son discours sur Salluste.

Passerat était l'hôte de Henri de Mesmes, et l'on sait
qu'il reconnut cette hospitalité par de nombreux tributs
poétiques où il chante et déplore tour à tour les événements
heureux ou malheureux relatifs à chaque membre de cette
famille. Il s'échappe quelquefois et invite Lambin à venir
goûter les plaisirs des champs en compagnie de M. de
Pimpont; mais il est vite ramené par l'affection dans cet
hôtel dont sa muse a célébré toutes les beautés. Il n'a eu
garde d'oublier la bibliothèque, appréciée des savants, où
Daniel est souvent admis par Henri de Mesmes (1), qui lui
prête des manuscrits, ainsi qu'à son frère François (2).

Daniel rencontre chez ce grand seigneur, ami des lettres
et des livres, des diplomates, des hommes d'état tels que
Paul de Foix, ambassadeur en Angleterre et à Venise;
Jean Hurault, ambassadeur à Constantinople et à Venise,
appelé tantôt M. de Boistaillé, du nom d'un fief, tantôt
M. de Morigny, à cause de son abbaye sise aux faubourgs
d'Étampes. Daniel y voit aussi Hurault de l'Hospital, qui
lui fait hommage de ses œuvres (4), et son illustre aïeul,
Michel de l'Hospital, auquel l'âge donnait sur le maître de
la maison une autorité tempérée par son amitié et par
une estime réciproque. Daniel semble vivre avec les de
Mesmes, les Hurault et les l'Hospital sur un certain pied

(1) Memmius, *Cod. Bern.*, 141 : 160, 168; 450 : 87, ou M. de Malassise, *Cod. Bern.*, 141 : 36, 193.

(2) « Je vous prie présenter mes humbles recommandations au sᵣ de
Malassise, et le requérir de ses anciens Horaces et Juvénaulx, qu'il a
encores. » (F. Daniel à Pierre, *Cod. Bern.*, 141 : 193.)

(3) M. de Boistaillé, *Cod. Bern.*, 141 : 18, 19, 190, 214, 214ᵃ.

(4) *Cod. Bern.*, 141 : 256.

d'intimité ou plutôt de familiarité dont le motif ne nous est pas révélé d'une façon suffisante par les documents de Berne pour que nous puissions l'exposer.

Le fonds Bongars contient six documents émanés du fameux chancelier de l'Hospital. Nous attirerons l'attention sur deux d'entre eux. C'est d'abord une lettre au protecteur de Passerat, à Henri de Mesmes, sieur de Malassise, l'un des négociateurs de la paix de Saint-Germain en 1570. L'Hospital fait de grands compliments à de Mesmes d'avoir conclu cette paix et dit qu'ils sont bien plus mérités que les éloges envoyés par son correspondant. Puis, faisant un retour sur lui-même, il apprécie sa situation avec une philosophie douce et résignée, mais sous laquelle cependant perce un secret dépit de n'être plus au pouvoir.

Cette lettre n'est pas datée ; elle n'en a pas besoin, du reste ; mais on peut affirmer qu'elle est de 1571. Elle est écrite du Vignay (1), où, dès sa disgrâce, avant son remplacement comme garde des sceaux par Morvillier, l'Hospital s'était retiré dans une sorte d'exil volontaire, au milieu de ses livres et de sa nombreuse famille. L'âge a refroidi sa muse ; il abandonne la lecture des philosophes pour celle des Pères de l'Église, et les conceptions républicaines pour mettre ordre à ses affaires ; car il sent approcher sa fin, et il ne doit laisser à sa famille qu'un modeste patrimoine. C'est ainsi qu'il cherche à échanger son bénéfice de la Creste (2) contre l'importante abbaye de Ferrières en Gâtinais, assez rapprochée de son petit domaine, et qu'il pensait vacante par la mort d'Odet de Coligny (3).

La seconde lettre de l'Hospital est adressée à Paul de

(1) Commune de Champmotteux, canton de Milly, arrondissement d'Étampes.

(2) Près de Chaumont, diocèse de Langres.

(3) *Nouvelles recherches historiques sur la vie et les ouvrages du*

Foix, pour lui recommander Niphus, petit-fils d'un philo-
sophe italien assez célèbre (1). Pierre de Montdoré, dont
l'Hospital déplore la mort, aurait bien mieux présenté Niphus, avec lequel il avait vécu l'espace de deux ans ; cependant la protection du chancelier fut efficace. En effet,
en 1573, on voit Niphus avec d'autres savants, comme Arnaud d'Ossat, Ch. Utenhove, Gifanius et Constantin, à la
suite de Paul de Foix partant au nom du roi remercier le
pape et les princes italiens, qui avaient complimenté Charles IX, à l'occasion de l'élection du duc d'Anjou au trône
de Pologne (2). A Gien, l'ambassade s'augmente de J.-A.
de Thou, de Christophe de Thou, son cousin, et de MM. de
Marle et de la Borde.

Les curieux détails de cette ambassade ont été conservés et transmis par de Thou (3). On croirait plutôt voir
une académie en voyage. Le long de la route, d'Ossat explique Platon à Paul de Foix ; pendant les haltes, François
Choesne, depuis président à Chartres, lit les sommaires
de Cujas, et après le repas les commentaires de Piccolo-
mini, tandis que Niphus, prenant de Thou à l'écart, lui
raconte la basse extraction de Scaliger, s'efforçant de lui
prouver la véracité de fables qu'il avait inventées pour
satisfaire aux haines héréditaires de sa famille:

Arrivés en Italie, laissant Paul de Foix remplir sa mis-
sion, ses compagnons visitent les curiosités des villes

chancelier de l'Hospital, par A.-H. TAILLANDIER, conseiller à la Cour
de cassation. Paris, 1861, in-8.

(1) Cod. Bern., 450 : 88. V. aussi 87 et 90, et Cod. Bern., 141 :
21 à 25.

(2) Paulus Foxius, Cod. Bern., 141 : 157; 450 : 88. Voir sur ce
personnage les poésies de Daurat, les œuvres de La Boétie, les lettres
de Muret, et la notice de Secousse, t. XVII, p. 620 des Mémoires de
l'Académie des inscriptions.

(3) Mémoires de la vie de J.-A. de Thou, 1er livre.

où ils passent et vont s'instruire auprès des savants, qui leur réservent toujours un excellent accueil.

De Thou les quitte de temps en temps. Le but de son voyage est de se procurer, pour la magnifique bibliothèque dont il pose déjà les fondements, ces belles éditions italiennes qu'on se procure difficilement en France.

La raison en est facile à comprendre. Pour passer d'Italie en France, les ballots de livres traversaient plusieurs états, notamment celui de Milan, où ils étaient assujettis à une inspection des plus sévères. Il y en avait toujours quelques-uns de retenus en route ; et comme les frais de transport étaient déjà considérables, on ne trouva bientôt plus de libraire français qui voulût se charger d'introduire dans notre pays les produits des presses italiennes. Il restait un autre moyen : c'était de les faire venir par l'Allemagne : « Je ne veux oublier à vous dire que la voye pour tirer livres d'Italie meilleure et quasi unique est par la voye d'Allemagne, car de Venize ils y vont sans estre fouillez (1), » écrivait de Harlay à Scaliger.

Ces facilités furent une des causes du grand succès des foires de Francfort, ce vaste entrepôt des productions de l'esprit humain au XVIe siècle. A ces fameuses foires, les livres composaient un des articles les plus recherchés (2). C'est là que paraissaient les nouveaux ouvrages et que se fondait la réputation d'un auteur, suivant le débit plus ou moins rapide de ses œuvres. Les libraires qui exposaient à Francfort envoyaient aux savants leurs catalogues ou *indices* (3). En échange, les historiens, les poètes, les ora-

_____

(1) C. de Harlay-Dolot, 20 juillet 1599, *Épîtres françoises à M. de la Scala.*

(2) Peut-être trouverait-on d'intéressants détails à ce sujet dans le rare opuscule d'Henri Estienne, intitulé : *Francofordiense emporium.*

(3) *Casauboni Epistolæ,* p. 456, 519, 663. Ces catalogues, des pre-

teurs, les philosophes se réunissaient dans leurs modestes
échoppes, qu'ils transformaient en véritables académies, au
sein de l'Athènes moderne. Les amateurs français allaient
faire leurs achats à Francfort ou chargeaient de leurs com-
missions les libraires parisiens, tels que du Puys, P. de la
Chorde, Nivelle, Chesneau (1), qui s'y rendaient afin de
renouveler leur approvisionnement. Au siècle suivant, la
suprématie de la France se fait sentir, même en ce point.
C'est la foire de Saint-Germain qui a la vogue. L'Allemagne,
à son tour, nous expédie ses publications par l'entremise
du libraire Vlack, tandis que le Midi nous envoie les éditions aldines et les manuscrits de provenance italienne.

Dans la *correspondance* de Daniel il est fréquemment
question de ces foires de Francfort. Les savants confient
souvent des lettres et des volumes aux libraires qui s'y
rendent, pour les faire parvenir à leurs amis étrangers, et
leur demandent une réponse par la même voie. Ces procédés semblent singuliers aujourd'hui et demandent quelques explications.

Si l'on se reporte de trois siècles en arrière, au règne
de Charles IX, et qu'on se demande sous quel régime pos-
tal vivait la France à cette époque, la réponse sera aussi
courte que le régime peu compliqué. Les Universités sont
en possession du privilége exclusif d'avoir des messagers
pour l'usage de leurs membres seulement. Hors de cela,
rien. La poste royale, poste aux chevaux, organisée sous
Louis XI, existe bien, mais, comme son titre l'indique,

---

miers qui aient paru, avec ceux de Simon de Colines, des Estienne, des
Wechel, des Chaudière, étaient déjà mensongers. « On prétend qu'on
y a usé de fourbe en forgeant des titres imaginaires de livres chimé-
riques et qui n'ont jamais été imprimés, ou en empruntant de ceux
qu'on ne sauroit trouver. » (*Jugements des Savans*, t. II, p. 134.)

(1) *Cod. Bern.*, 141 : 160, 161, 163, 171, 190.

pour le service du roi. Henri III seulement doit, en 1576, instituer des messagers royaux pour chaque ville, à l'instar de ceux des Universités (1). Il se commettait sans doute, dans l'exercice même de ce privilége, bien des irrégularités au profit des particuliers. Il n'en reste pas moins vrai que, pour faire parvenir une lettre dans une partie quelconque du royaume, il fallait envoyer un messager équipé à grands frais, d'autant que les routes étaient peu sûres (2), ou bien s'enquérir de gens entreprenant un voyage dans le pays du destinataire. S'il demeurait à l'étranger, on s'informait avec empressement du départ d'un ambassadeur, ou même d'un simple étudiant allant s'instruire aux Universités d'Italie ou d'Allemagne. Que l'on admette des voyages se reproduisant deux fois régulièrement chaque année, à époques fixes, le printemps et l'automne, comme ceux des libraires pour Francfort, et l'on comprendra quelle influence considérable avaient ces foires, en dehors du commerce des livres, au point de vue des relations internationales et des transactions postales. Les érudits gardaient leurs lettres dans l'attente de ces occasions, nous le répétons, à la fois très-régulières et très-sûres. Scaliger écrit à Casaubon : « L'ouverture des foires de Francfort ne me présage que des occupations. Et

(1) Cette création semblait avoir pour but d'amoindrir l'énormité du privilége universitaire. Telle était pourtant la puissance de l'Université, tel aussi l'appui qu'elle rencontrait auprès du parlement, que les rois luttèrent vivement pour restreindre un pareil abus. Longtemps les messagers royaux et universitaires furent traités sur le même pied. C'est seulement lorsque ces offices sont donnés à ferme que l'on pressent le moment où le gouvernement va garder pour lui seul le monopole de la poste aux lettres.

(2) « Les cochers de Bourges ont esté vollez ces jours passez de grand nombre d'argent, et ceux d'Orléans aussi, estant à plusieurs particuliers. » (J. Dupuy à Scaliger, 1596, *Epist. françoises*, p. 170.)

lesquelles? Répondre à une multitude de lettres. » Il renseigne une autre personne dont les lettres ne lui sont pas toutes parvenues : « Il n'y a qu'un temps et qu'un moment pour recevoir les lettres : ce sont les foires de Francfort. Autrement, on en reçoit rarement, et si on les reçoit, on doit se féliciter d'une heureuse chance. »

Revenons à Daniel pour ne plus le quitter. Pendant son séjour à Paris chez Mlle de Lambin, il entretient une correspondance assidue avec son ami Germain Vaillant de Guélis. Le brillant abbé de Pimpont, ami de Belleau, de Pasquier, d'Amadis Jamyn (1), de Scévole de Sainte-Marthe, était alors retiré dans son prieuré du Bourg, en Sologne (2), où il donnait un libre cours à sa muse. Vaillant de Guélis et Florent Chrestien avaient introduit Daniel dans le parnasse parisien, qui subissait alors les lois de Ronsard et de la *brigade* où se retrouvent Daurat (3), son maitre, et Amadis Jamyn, son élève, Étienne Jodelle (4) et Muret. En dehors de la pléiade, mais poètes non moins estimables, se rencontrent dans les lettres de Daniel les noms de Forcadel (5), N. Goullu (6), Chartrain, gendre de Daurat, Passerat, M. de l'Hospital et Turnèbe.

Tous ces versificateurs érudits cultivaient la poésie pour se délasser de travaux plus sérieux. Ils s'inspiraient des modèles antiques. Aussi ne doit-on pas trop s'étonner si leurs

(1) Guélis à Daniel, *Cod. Bern.*, 141 : 192, 214ª. Il le désigne seulement par le nom d'Amadis.

(2) Notre-Dame-du-Bourg, paroisse de Neung, près La Ferté-Aurain, archidiaconé de Sologne, diocèse d'Orléans. Ce prieuré avait été fondé au XIᵉ siècle par Hervé, archidiacre de Sainte-Croix d'Orléans, pour y déposer les reliques qu'il avait apportées de Jérusalem.

(3) *Cod. Bern.*, 141 : 39, 96, 157, 158, 211.

(4) *Id.*, 141 : 190.

(5) *Id.*, 141 : 193.

(6) Gulonius, *Cod. Bern.*, 141 : 214ª. Il était professeur royal.

vers latins, grecs même, sont souvent préférables à leurs poésies françaises. Mais cet esprit d'imitation, dont on a souvent signalé les excès, leur a fourni de vives images, des tournures ingénieuses, d'heureuses expressions, qui presque toutes, malgré la rapide décadence de l'école de Ronsard, ont acquis droit de cité dans la langue et la littérature françaises.

Vaillant de Guélis se vantait d'être « culteur trop infréquent des grands. » Cependant, à la mort de Charles IX, lorsque son frère, Henri de Valois, fut rappelé de Pologne pour monter sur le trône de France, M. de Pimpont se crut obligé de saluer son avènement pour suivre, écrit-il à Daniel, « l'avertissement que m'a faict M. Amadis que nostre seigneur roy attendoit quelque chose de ma sylvestre muse (1) ! » Il y cède pour d'excellents motifs, « n'ayant eu aultre intention que de inculquer et faire veoir à nostre prince l'amour et estude de ses subjectz, pour le provocquer à digne recognoissance envers les siens (2) » Que de Français avaient partagé les généreuses illusions de Guélis ! Ronsard, prince des poètes, dans son *Bocage royal*, donnait aussi de sages conseils au nouveau monarque et présageait le bonheur de la France pendant son règne. Vains présages, conseils perdus ! Le vieux courtisan, pour rester en faveur, dut effacer d'un trait de plume, dans les diverses éditions de ses œuvres, ces éloges si peu mérités, ces préceptes si peu suivis, qu'ils auraient semblé la plus violente satire du caractère royal (3).

(1) *Cod. Bern.*, 141 : 192.

(2) *Id., ibid.*, 141 : 214ᵃ.

(3) Nous possédons l'édition originale du *Discours au roy après son retour de Pologne*, par Ronsard. Il y a près de quatre-vingts vers que l'auteur a supprimés dans ses œuvres complètes. Nous croyons indiquer le véritable motif qui les a fait disparaître. Ces vers n'ont pas été rétablis dans les éditions publiées depuis la mort de Ronsard.

Pour épurer un style parfois incorrect, châtier une versification abondante, mais aussi trop facile, Guélis prenait volontiers les conseils de trois de ses amis, P. Daniel, B. Brisson et M. de Rieux. (1). Ce dernier, *François du Bourg*, évêque de Rieux, vicaire général de Jean de Morvillier et abbé de Saint-Euverte d'Orléans, était fils d'Antoine du Bourg, chancelier de François Ier et cousin germain d'Anne du Bourg. Suivant Colletet, F. du Bourg fit avec Ronsard et l'abbé de Pimpont l'éloge de l'*Iliade* d'Amadis Jamyn. En l'absence de MM. de Rieux et Brisson, l'opinion de Daniel suffisait à Vaillant de Guélis, qui avait dans son goût éprouvé une entière confiance. La connaissance parfaite que Daniel possédait de l'antiquité lui inspira-t-elle le désir de produire des vers latins? Plusieurs passages de sa correspondance le donneraient à penser. Puisqu'il savait corriger ses amis (2), il dut sacrifier au goût du temps et rimer à son tour.

Dans ses honorables et modestes fonctions de bailli, Daniel n'eut sans doute pas occasion de manifester ses préférences politiques et de se ranger ostensiblement dans une des factions au milieu desquelles se débattait la France. Mais lorsqu'il était avocat au parlement de Paris, il pencha, croyons-nous, vers le parti dirigé par les hommes considérables qu'il avait connus chez Mesmes, soutenu par les gens de cœur et de bon sens avec lesquels il était en rapport continuel. Les opinions modérées des *politiques* ne devaient-elles pas séduire l'esprit conciliant de Daniel, comme elles gagnèrent la majeure partie de la nation? Il

(1) Rivorum episcopus, *Cod. Bern.*, 141 : 192, 214a; 450 : 35.

(2) « Monsieur Daniel, vous avez donné meilleur ordre à notre petit labeur poëtic et ce qui en dépendoit, que je n'eusse peu pourveoir moi-mesmes, et vous en rends grâces infinies. » (Guélis à Daniel, *Cod. Bern.*, 141 : 190.)

comptait beaucoup de ses amis, Florent Chrestien, de la
Taille, Pithou, Passerat, parmi les auteurs de la *Satire
Ménippée,* qui ne fit pas tomber la Ligue, comme on l'a
trop souvent répété. Elle l'empêcha de se relever en cou-
vrant de ridicule la plupart de ses chefs, et prépara l'avènement de Henri IV, dont le caractère éminemment français ramène bien vite à lui le peuple de Paris dont il devient l'idole (1).

VII.

Après un long intervalle, P. Daniel se reprend à faire
jouir le public du fruit de ses labeurs. En 1585, il avait
fait paraître des notes sur le *Satyricon* de Pétrone (2).
Elles sont reproduites dans une édition de Pétrone parue
à Lyon en 1598, avec celles de Pierre François Daniel, son
fils. Il y a d'autres éditions ainsi annotées en 1615 et
1618. On doit trouver enfin ces remarques dans le Pétrone
cum notis variorum, donné en 1629 par Lotichius. C'est ce
qui a fait dire à l'abbé Goujet que P. Daniel donna encore
en 1629 le *Satyricon* de Pétrone avec des notes. Le savant
auteur oubliait que Daniel était mort en 1603 ou 1604.
Peut-être avait-il été induit en erreur par Baillet, qui indique seulement cette édition de 1629 (3).

En 1598, Daniel imprime l'exhortation que l'évêque

(1) « C'est une chose incroyable comme le roy est aymé dans Paris,
et comme cette pauvre ville se repeuple et se remet. Depuis quinze
jours il y est rentré plus de cent mil habitans. » (De Fresnes-Canaye à
MM. de Noremberg. Paris, 12 avril 1594. *Cod. Bern.,* 141 : 258.)

(2) Voici le titre rapporté par D. Gérou : *Petri Danielis Aurelii j. c.
notæ in C. Petronii Turpiliani Arbitri Satyricon,* 1585.

(3) *Jugemens des Savans,* II, 333.

d'Orléans, Théodulfe, dans un voyage qu'il fit en Languedoc par ordre de Charlemagne, adressa aux magistrats, pour les engager à rendre la justice à tout le monde (1).

L'œuvre capitale de Daniel, celle qui lui mérita surtout l'estime des savants, et qui presque seule a survécu à sa mémoire, c'est son Virgile, avec les commentaires de Servius. Le *Servius de Daniel,* comme disaient au XVI siècle les scoliastes, trop enclins dans leur amour de la science à substituer le commentateur à l'auteur, fut imprimé à Paris en 1600 (2). Servius est un grammairien du V siècle, dont les commentaires estimés sur Virgile avaient été défigurés et remplis de fautes par les copistes du moyen âge. Ils n'étaient pas livrés au public pour la première fois, car on en connaît au moins cinq éditions incunables. Le mérite de Daniel est de les avoir améliorés à l'aide de manuscrits anciens de *bonne note,* et d'y avoir joint le commentaire inédit de Philargyrius. Ces manuscrits sont au nombre de cinq. Ils provenaient de Saint-Martial de Limoges, Tours, Auxerre, de l'abbaye de Fulde en Allemagne et de Saint-Benoît-sur-Loire. Ce dernier était un des plus complets que l'on connût alors (3).

On peut dire que Daniel passa toute sa vie à préparer cette édition de Virgile, car le savant Turnèbe, mort en

(1) *Theodulphi parænesis ad judices.* Paris, 1598, in-4º. Moguntiæ, 1602, in-4º.

(2) *Virgilii opera, et in ea Mauri Servii Honorati commentarii, ex antiquis exemplaribus longe meliores et auctiores, ex bibliotheca Petri Danielis : accessit Fabii Planciadis Fulgentii liber de continentia Virgiliana, item Junii Philargyrii commentariolus in Bucoïica et Georgica.* Parisiis, Seb. Nivellius, 1600, in-fº. Genève, 1610, 1620, 1634, in-4º.

(3) Daniel ne parle pas du Servius de l'abbaye de Ferrières en Gâtinais, très-riche en classiques latins. (Ep. XV, Lupi Ferrariensis.)

1565, et qui professait une haute estime pour Daniel, en avait déjà reçu quelque communication (1).

Dans ces temps où l'apparition d'un livre faisait révolution dans la république des lettres, Daniel apporte une sage lenteur à la publication du sien. Ces retards, causés, non par une coquetterie raffinée, mais par une scrupuleuse recherche unie à une véritable modestie, irritaient l'impatiente curiosité des savants. Les amis de Daniel le pressent (2); des érudits tels que Élie Vinet, de Bordeaux, Siméon du Bois, lieutenant de Limoges et critique distingué (3), le sollicitent et le « prient bien fort » de publier le commentaire de Servius. Enfin Daniel cède à leurs instances. En 1598, Casaubon écrit qu'il a vu les épreuves du livre (4), et Bongars les envoie à Scioppius pour le décider à communiquer ses notes sur Servius qu'on dit être chez Rittershusius : « Daniel presse fort pour avoir ces notes, et c'est un homme qui mérite assurément que tous les gens d'honneur et tous ceux qui aiment les belles-lettres aient de la considération pour lui (5). » Bientôt l'ouvrage paraît ; c'est un concert de louanges. Le Bourguignon François Juret, ancien étudiant de l'Université d'Orléans, adresse

---

(1) *Is nuper mihi nesc:o quas Fulgentii expositiones morales in Maronem collocavit. (Turnebi adversariorum, l. 26, cap. 21.)*

(2) « Quant à vous, Monsieur, tout le monde attend, voire *flagitat tuum Servium. Quare fac tandem ut omnium votis doctorum et studiosorum respondeas et bene merendo de bonis artibus te ipsum omnibus carissimum et in posterum celeberrimum reddas.* » (Gifanius à Daniel, *Cod. Bern.*, 141 : 160; et 167: *Hœres tu de Servio tuo. Quando tamen publicabis et nobis et omnibus rem gratissimam, tibi meritum conficies immortale ex immortali illo beneficio?*

(3) Bosius, E. Vinet à Daniel, *Cod. Bern.*, 141 : 145.

(4) *Casauboni epist.*, suppl., p. 768.

(5) *Lettres de Bongars à Camerarius*, II, p. 452. 456, 464. *Lettres à Lingelsheim*, p. 58.

à ce propos à Daniel un sixain que nous a conservé
Gruter (1),

In Servium Honoratum a P. Daniele J. C. restitutum.

> Servius antiquo puduit spoliatus honore ;
> Tam maculatus erat, tam mutilatus erat.
> Nunc ubi persentit fato meliore lacunas
> Expleri innumeras, et decus arte dari :
> Gaudet, Honorati cognomine dignus, et olim
> Qui facilè rubuit, posse rubere negat.

Citons quelques critiques : « Le Virgile de Daniel est pa-
rachevé, mais il faut, à mon jugement, y retourner pour
la seconde fois. Je donnerai charge à nos libraires de vous
(en) faire tenir un, » écrit Gillot à Scaliger (2). Celui-ci,
juge difficile à contenter pourtant, proclame que « Servius
de Daniel est bon (3). « Était-ce en reconnaissance de ce
qu'il avait eu la primeur de ces notes pour son *Festus?*
Il ajoute du reste : « Ce n'est là qu'une partie. Il ne faut
pas douter qu'on n'en trouve beaucoup de fragments et
de parcelles dans de vieux exemplaires. »

En effet, on cite dans la bibliothèque de Vossius « un
Servius sur Virgile plus ample que celui de Daniel (4), »
tant il est vrai que les meilleurs travaux d'érudition peuvent toujours être complétés.

Le *Virgile* avait été l'œuvre de la vie de Daniel ; sa publication en fut le couronnement. Il mourut peu d'années
après, à Paris, en 1603 ou 1604, âgé d'environ soixánte-
treize ans.

(1) *Deliliæ poelarum Gallorum*, etc. Collectore Ranutio Ghero,
1609, pars altera, p. 385.
(2) *Epistres françoises*, p. 116.
(3) *Scaligerana* (prima et secunda).
(4) Colomesiana.

Daniel avait dirigé ses goûts vers l'étude des anciens
auteurs. Il s'était appliqué à restituer leurs ouvrages par
la comparaison des manuscrits qu'il recherchait avide-
ment, et dans lesquels son tact merveilleux lui faisait reconnaître la meilleure leçon. Il appuyait ses préférences
par des remarques qui étaient autant de preuves de son
érudition.

La variété de ses connaissances aurait cependant pu le
conduire à aborder d'autres genres. Son frère et Gifanius
l'engagent à publier les anciens grammairiens, tels que
Caper, Phocas, Agrætius, et l'estiment capable de mener
à bien cette entreprise (1). Gifanius encore l'exhorte ins-
tamment à colliger les vieilles chroniques et les historiens
des Gaules. Il voudrait lui voir entreprendre, de concert
avec Pithou, une tâche pareille à celle que les Allemands
venaient d'achever (2). P. Pithou s'engage seul dans cette
voie et publie un recueil des historiens français, perfec-
tionné depuis par André et François Du Chesne, et re-
constitué, l'on sait sur quelles bases magnifiques, par D.
Bouquet. Daniel mit à la disposition de Pithou les manuscrits relatifs à l'histoire de France qui lui venaient de
Saint-Benoît.

L'obligeance de Daniel, au surplus, la complaisance
avec laquelle il rendait les meilleurs services à ses amis,
à des étrangers même, expliquent suffisamment le petit
nombre des œuvres qu'il a produites de son propre fonds.

(1) F. Daniel à Pierre, *Cod. Bern.*, 141 : 193 : *Utinam in veteribus
grammaticis uno volumine edendis (quorum quidam adhuc non sunt
editi) aliquando operam præstare velles, nam te scio posse.* (Gifanius à
P. Daniel, *Cod. Bern.*, 141 : 160.)

(2) Gifanius à P. Daniel, *Cod. Bern.*, 141 : 161. Ailleurs, Gifanius
modifie un peu son enthousiasme touchant les travaux de ses compatriotes : *In Germania nostra multa et scribuntur et divulgantur, sed
veterem barbariem fere redolentia.* (Gifanius à Dupuy, 1598, Bibl. nat.)

Mais combien d'autres aurait-il pu signer, de l'aveu même de leurs auteurs !

Il semble que son temps qu'il employait si utilement, *ses remarques dont il tirait un si bon parti*, appartinssent à chacun plutôt qu'à lui-même. Guélis lui soumet ses poésies, Daneau ses traités. Il surveille pour Scaliger l'impression d'un livre; cherche un éditeur comme Plantin, Gibier ou Patisson (1) pour celui-ci; court chez du Puys, Nivelle ou Chesneau pour un autre. Gifanius le prie de faire copier le formulaire de Marculfe ou le remercie chaleureusement de lui avoir fait parvenir le serment bilingue de Louis-le-Germanique, l'un des plus anciens monuments de notre langue (2). Elie Vinet, à bout de science, lui envoie un passage indéchiffrable, et sait bien qu'il le rétablira facilement (3). Enfin on dresserait le catalogue de ses manuscrits en relevant ceux qu'il a prêtés, et l'inventaire des notes qu'il a *recueillies* sur divers auteurs par les actions de grâces qui lui sont adressées pour ses bienveillantes communications. La devise de Daniel serait : « Tout à tous. »

On le consultait à l'égal de Passerat, Dupuy, Nicolas le Fèvre. Aussi, que de compliments sur la délicatesse de son goût, la sûreté de son jugement, l'étendue et la profondeur de son érudition ! On en remplirait des pages. Daniel méritait-il tous ces éloges ? possédait-il toutes ces qualités ? L'unanimité des louanges ne permettrait d'exprimer un doute qu'avec le plus grande réserve.

Reproduisons enfin un portrait esquissé dans la jeunesse de notre savant par la plume du célèbre Turnèbe. Res-

(1) *Restitues, scio, facile; quo præstes ingenio, eruditione et diligentia.* (Vinet à Daniel, *Cod. Bern.*, 141 : 141.)

(2) *Turnebi adversariorum*, l. 26, cap. 21.

(3) Mamert Patisson, d'Orléans, *Cod. Bern.*, 141 : 239, 256.

7

semblant lorsqu'il fut tracé, il dut rester toujours exact, parce qu'il résume l'existence de son modèle :

Pierre Daniel d'Orléans est un jeune homme éminent et tellement dévoué à la bonne littérature, qu'il ne semble pouvoir prendre de plaisir nulle part ailleurs. Il est, en effet, si passionné pour les livres anciens, qu'il fouille toutes les bibliothèques, afin d'en rapporter toujours quelqu'un à la lumière et de ramener sous nos yeux ceux qui sont ensevelis dans la nuit des temps, comme s'il les faisait revivre d'une seconde jeunesse (1).

Que devinrent, à la mort de leur possesseur, les manuscrits réunis par Daniel, la bibliothèque qu'un savant étranger mettait, pour ainsi dire, sous la garde de Dupuy (2)? Par quelle mauvaise fortune sont-ils sortis de France ? Le récit en a été fait par plusieurs historiens ; mais comme ils sont tombés en d'étranges erreurs, il n'est pas sans intérêt de le reprendre, d'après les informations les plus certaines.

Lorsque mourut Daniel, ses manuscrits furent achetés de ses héritiers, moyennant 1,500 livres, par Paul Petau et Jacques Bongars, tous deux ses compatriotes et ses amis, et lui tenant peut-être par quelques liens de parenté. Un auteur orléanais affirme que les religieux de Saint-Benoît retirèrent avant la vente quelques volumes des moins estimés et des moins curieux (3). Cette opinion

(1) Gifanius à P. Daniel, *Cod. Bern.*, 141 : 163.

(2) *Valde indocui de morte Danielis amicissimi mihi hominis. Tuum erit invigilare ipsius bibliothecæ.* (J. A. Wouwer Christoph. Puteano, 9 kal. april. 1604, Bibl. nat.; Dupuy, 16.) Jean Wouwer conservait à Anvers la bibliothèque de Juste Lipse, comme celui-ci l'avait ordonné par testament.

(3) *Histoire de l'Orléanais du chanoine Hubert*, bibl. d'Orléans, ms. 436. Il n'existe à la bibliothèque d'Orléans qu'un manuscrit (234) portant cette mention: *Sum Petri Danielis, 1562.* Ce doit être, comme

isolée ne s'appuie d'aucune preuve, et l'on peut estimer avec un grand nombre d'écrivains que Petau et Bongars se partagèrent toute cette bibliothèque. Voyons ce qu'elle devint entre leurs mains.

Paul Petau, conseiller au parlement de Paris, s'était déjà enrichi des livres de Cl. Fauchet, président de la cour des monnaies (1). Le P. Sirmond et Du Chesne ont puisé largement dans sa bibliothèque, dont il faisait libéralement part au public. Il donna, on pourrait presque dire il rendit, à l'abbaye de Saint-Benoît un manuscrit des chroniques de Hugues de Fleury, qui avait été certainement sauvé par Daniel en 1562. Ce manuscrit, écrit au XVe siècle et contenant plusieurs autres ouvrages, est parvenu à la bibliothèque d'Orléans (2).

Paul Petau mourut en 1614. Son fils Alexandre Petau, conseiller au parlement comme lui, suivit d'abord son exemple et acheta les manuscrits du chanoine Jean de Saint-André. Dégoûté bientôt de ses riches collections, il vendit la plupart de ses manuscrits à Christine de Suède. Ces manuscrits sont passés au Vatican, où ils forment le fonds de la reine de Suède presque tout entier (3). Il s'y trouve des volumes du plus grand intérêt pour l'histoire de France, à en juger seulement par ceux qui ont été publiés dans ces derniers temps.

Les débris restés en France de la bibliothèque de Petau

le ms. 218, une épave de la bibliothèque de Petau. Il appartenait à Proust de Chambourg, docteur-régent en l'Université d'Orléans.

(1) L. Jacob, *Traité des plus belles bibliothèques*, p. 552.

(2) Bibl. d'Orléans, ms. 218, à la page 7, est cette note: *Hoc Hugonis Floriacensis chronicum religiosæ congregationi Floriacensi Pa. Petavius in regnicuria consiliar. L. M. D. dedit. M. DC. IX.*

(3) *Le cabinet des manuscrits*. par M. L. Delisle, I, p. 287-289, bibliothèque de Petau.

enrichirent les cabinets de Mazarin, C. Joly, Bigot, Séguier,
de Harlay et Gaignières. A la mort d'Alexandre Petau, il
lui restait encore trois cents manuscrits, dont une ving-
taine furent achetés pour le roi. Plusieurs ventes succes-
sives produisirent peu de résultats. A celle des imprimés, Ami Lullin, professeur à Genève, se rendit acquéreur
d'une dizaine de manuscrits dont il gratifia la bibliothèque
de cette ville. Les tablettes de Philippe-le-Bel et des fragments d'un saint Augustin sur papyrus n'ont pas une
autre origine. Les derniers volumes ont été porter le souvenir de la magnifique bibliothèque de Petau de tous
côtés : on en retrouve à Leipzig, à Gand, à Leyde, à
Londres, à Copenhague et à Stockholm (1).

Bongars avait acquis la seconde moitié des manuscrits de
Daniel. Voici ce que raconte Mabillon à ce sujet (2). Bongars, chargé d'affaires pour Henri IV, roi de France,
auprès des princes d'Allemagne, fit venir la part qui lui
était échue à Strasbourg, sa résidence ordinaire. Il l'ins-
talla dans la maison de son hôtesse, qui était de Lyon et
femme d'un joaillier. Elle avait un fils nommé Granicet,
auquel Bongars légua sa bibliothèque. Bongars étant mort
à Paris, en 1612, le prince palatin, sur le conseil de son
bibliothécaire Janus Gruterus, acheta sa librairie, qui était
restée à Strasbourg, et la fit transporter dans la bibliothèque
d'Heidelberg. La guerre s'étant allumée entre l'empereur
Ferdinand et l'électeur palatin Frédéric, au sujet de la cou-

(1) Ce passage n'est que le résumé de l'excellent et magnifique ouvrage de M. L. Delisle, *Le cabinet des manuscrits*. Il est presque superflu
d'ajouter que le savant membre de l'Institut n'est point tombé dans
l'erreur commune, d'après laquelle tous les manuscrits que Daniel avait
sauvés à Fleury seraient au Vatican. M. Delisle constate que la bibliothèque de Berne, comme celles de Paris, Orléans et Rome, contient un
grand nombre de manuscrits provenant du célèbre monastère orléanais·
(2) Préface de sa *Liturgie gallicane.*

ronne de Bohême, le duc de Bavière, allié de l'empereur, fit irruption dans le Palatinat et en occupa une partie. Heidelberg tomba en son pouvoir en 1622. Il enleva les livres et les donna presque tous au pape Grégoire XV, qui les plaça dans la bibliothèque Vaticane.

Tel est le récit inexact de Mabillon, Il le tenait, nous l'avons prouvé, de Jacques de Gyvès, avocat du roi à Orléans (1). Ces assertions sont reproduites par une foule d'écrivains, sur la foi du savant Bénédictin (2) ou d'après des renseignements analogues.

L'abbé Carré multiplie les erreurs en voulant montrer une plus grande exactitude. Le président Hénault, dit-il, écrit qu'Urbain VIII reçut le présent. Ce fut néanmoins Grégoire XV qui envoya à Heidelberg le savant Léon Allatius, professeur de grec à Rome, pour faire transporter au Vatican la bibliothèque palatine. Comme il n'arriva à Rome avec ses caisses qu'après la mort de Grégoire, le président Hénault a pu dire que le pape Urbain VIII avait reçu le présent (3).

En lisant des détails si précis, qui ne serait bien persuadé que tous les manuscrits de Daniel, ceux de Petau comme ceux de Bongars, sont réunis à la Vaticane? Rien n'est pourtant moins vrai.

Le P. Jacob imprimait au XVIIe siècle : « La ville de Berne possède une très-bonne bibliothèque publique, laquelle a été augmentée de celle de Jacques Bongars, qui

(1) Sur la provenance des informations de Mabillon à ce sujet, on peut se reporter à la note concernant le pillage de Saint-Benoît en 1562, et aux observations sur le rôle qu'on y fait remplir à P. Daniel.

(2) Citons seulement : D. Martène, Bayle, la *Biographie universelle ;* et parmi les Orléanais : le chanoine Hubert, D. Cérou, D. Le Roy, D. Chazal, l'abbé Rocher.

(3) Ms. 484 de la bibliothèque publique d'Orléans.

avait pris un grand soin à la recherche des bons livres (1). »

Le P. Jacob avait raison. La bibliothèque de Bongars
est tout entière à Berne, manuscrits et imprimés. Pour
s'en convaincre, on n'a qu'à lire la préface du catalogue
de cette bibliothèque 'par M. Sinner (2). Nous ne faisons
que la résumer. Le personnage que Mabillon nomme Granicet est appelé par Bongars « Monsieur Gravisset ou le sire
de Gravisset. » C'était, nous apprend le savant bibliothécaire de Berne, d'après la correspondance de Bongars, un
citoyen de Strasbourg qui faisait le commerce en Allemagne.

Bongars s'unit avec lui des liens d'une étroite amitié
et reconnaît qu'il a rendu d'importants services, non pas
à lui seulement, mais au roi de France même. Pour ce
motif, il le recommande chaudement et à plusieurs reprises aux ministres de Henri IV. En souvenir de leur commune affection, Bongars lui laissa sa bibliothèque.

René de Gravisset avait un fils, Jacques, né en 1594,
qu'il envoie, jeune encore, à Heidelberg, pour s'y former
aux belles-lettres, sous la direction de Lingelsheim (3),
l'ami et le correspondant de Bongars. Jacques ayant perdu
son père en 1614, devint citoyen suisse et, s'établissant
dans un château qu'il tenait de l'héritage paternel, ne
quitta plus ce pays. En 1628, il fit présent à la république
de Berne de la bibliothèque de Bongars, qui y est toujours restée.

C'est ainsi que Sinner présente les faits sous leur véri-

(1) *Traité des plus belles bibliothèques,* p. 226.
(2) *Catalogus codicum manuscriptorum bibliothecœ Bernensis,* t. III,
p. VIII n XV.
(3) J. *Bongarsi et G. M. Lingelshemi epistolœ.* Argentorati, 1660,
in-12.

tacle jour, et voici ce qu'il ajoute : « Les conditions impo-
sées par le donateur étaient qu'un catalogue fût imprimé
sous le titre de : *Bibliothèque de Bongars,* et que les livres
et manuscrits fussent conservés dans un local séparé de
la bibliothèque publique. » On n'avait tenu jusqu'alors aucune de ces promesses. Sinner voulut les réaliser autant
que possible et prit le soin, dans le catalogue général des
manuscrits de la bibliothèque de Berne qu'il imprima,
d'inscrire en regard de chaque article les noms de Bongars, Daniel et Cujas, lorsqu'il retrouvait sur les manuscrits une preuve suffisante de leur provenance.

Le « bonhomme Cujas, » ainsi que l'appelaient ses élèves, craignait que les Jésuites n'achetassent ses manuscrits et ordonna, dit-on, qu'ils fussent vendus en détail
pour les disperser. Cette dernière volonté ne fut pas exé-
cutée, puisque Bongars se rendit acquéreur de la totalité.
Son nom même eût suffi pour calmer les craintes de Cujas, car le protestant Bongars détestait les Jésuites plus
que personne au monde. Il raconte d'une façon piquante
à Camerarius toutes les démarches qu'il a dû faire à
Bourges pour entrer en possession de cette bibliothèque.

Qu'il nous soit permis, en terminant cette étude, d'ex·
primer un vœu. Les éditeurs du XVIe siècle rendaient
hommage aux érudits en publiant leur correspondance.
C'est ainsi que celles d'Érasme, de Scaliger, Casaubon,
Muret, Longueuil, Bunel, une partie de celle de Bongars
et tant d'autres, sont parvenues jusqu'à nous. Beaucoup
de lettres qui sont adressées à ces savants n'offrent pourtant qu'un médiocre intérêt, parce qu'elles émanent d'écrivains assez obscurs. Au contraire, dans les collections de
Daniel et de Bongars, qu'on ne saurait élever, Daniel du
moins, au rang des illustres, les noms de personnages célèbres à l'époque de la renaissance se rencontrent souvent,

et l'on y trouve un certain nombre de leurs lettres complètement inédites. Nous croyons qu'il serait facile d'en extraire les plus importantes et les plus curieuses, et profitable de mettre quelque jour en lumière l'élite de ces documents dont nous ne pouvons que déplorer l'éloignement. On découvrirait une foule de renseignements utiles dans la correspondance de Daniel et de Bongars, et l'on y verrait se refléter fidèlement la physionomie d'une intéressante époque dont nous avons essayé de présenter un faible aperçu.

NOMS

DES PERSONNAGES DU XVIᵉ SIÈCLE

CITÉS DANS CETTE NOTICE.

8